The item should be returned or renewed by the last date stamped below.

Dylid dychwelyd neu adnewyddu'r eitem erbyn y dyddiad olaf sydd wedi'i stampio isod.

Newport
CITY COUNCIL
CYNGOR DINAS
Casnewydd

To renew visit / Adnewyddwch ar
www.newport.gov.uk/libraries

Mefus yn y Glaw

Mari Emlyn

GWASG Y BWTHYN

ISBN: 978-1-912173-38-9

Cyhoeddwyd gyda chymorth ariannol
Cyngor Llyfrau Cymru.

Dyluniad y clawr: Ifan Emyr

Cyhoeddwyd ac argraffwyd gan
Gwasg y Bwthyn, Caernarfon
gwasgybwthyn@btconnect.com
01286 672018

DIOLCHIADAU

Cydnabyddir yn ddiolchgar gymorth y canlynol: Mynychwyr sawl gweithdy ysgrifennu creadigol am eu hysbrydoliaeth a'u cwmnïaeth; Ifan Emyr am ddylunio'r clawr; Huw Meirion Edwards am olygu'r copi; Marred Glynn Jones am ei chefnogaeth a'i chyngor creadigol doeth; Gwasg y Bwthyn am lywio'r gyfrol drwy'r wasg mor ddiffwdan, a diolch hefyd, fel arfer, i Gyngor Llyfrau Cymru.

Cyflwynir y gyfrol hon i bob dynes
sy'n mynd drwy gyfnod y menopos
ac i bawb sy'n ceisio cyd-fyw efo ni!

7.09 y.b.

Pe bai Lili'n berson mympwyol, byddai wedi diffodd y larwm oedd ar fin canu am 7.11 y.b. ac aros yn ei gwely drwy'r dydd. Y cyfan oedd hi eisiau'r diwrnod hwnnw oedd llonydd; cael anwybyddu'r byd. Ond dilyn y drefn oedd steil Lili. Dilyn cynllun a chadw ato. Dileu'r tasgau oedd ar ei rhestr ddyddiol wrth iddi eu cwblhau a dechrau llunio rhestr ar gyfer diwrnod tebyg yfory. Fel yr oedd un rhestr yn cael ei dileu, roedd y nesaf yn cynyddu gan ostwng y pleser o weld gorchwylion a thasgau'n cael eu goresgyn wrth iddi hi dynnu llinell drwyddynt.

Bu neithiwr yn noson hir. Ar ôl iddi orffen swper, bu Lili a Mrs Dalloway'n gwylio'r glaw di-baid. Ni fu sgwrs rhyngddynt; y ddwy yn eu bydoedd bach eu hunain. Ceisiodd Lili, wrth eistedd yn ymyl ffenest y gegin, ddal yr eiliad honno pan oedd dydd yn troi'n nos, y golau'n troi'n wyll a'r gwyll yn troi'n dywyllwch. Ond wnaeth hi ddim llwyddo neithiwr ddim mwy na'r un noson arall. Roedd hi fel pe bai'r nos am chwarae triciau arni hi. Byddai'n rhaid iddi dderbyn mai hel mwg i'r sachau oedd ceisio dal y tywyllwch. A dyma hi rŵan yn fore a golau naturiol y dydd yn llenwi'r tŷ, ond rhyw ymdrech dila wnâi'r haul, fel Lili hithau, i wenu heddiw.

Doedd Lili ddim eisiau codi. Doedd hi ddim eisiau deffro. Doedd hi ddim eisiau gweld neb. Ddim heddiw. Byddai heddiw'n gamfa go fawr i fynd drosti. Fel arfer byddai Lili'n deffro bob bore'n gorfod meddwl yn galed pa ddiwrnod oedd hi. Roedd ei meddwl hi wedi troi'n un swp pys trwchus ers iddi droi'n hanner cant. Tynnodd y dwfe yn gaddug tyn amdani. Wafftiodd oglau chwys y menopos i'w ffroenau, neu a rhoi iddo'r enw Cymraeg, y 'Darfyddiad'. Pwy ddiawl fathodd yr enw cysurlon yna? Darfyddiad!

Roedd ei chorff hi, fel ei hymennydd hi, wedi drysu braidd! Roedd hi'n casáu'r ffaith nad oedd patrwm i'w mis hi bellach. Fel un oedd wedi arfer dilyn trefn, a dilyn cloc, roedd yr anhrefn hwn yn artaith pur i Lili. Er mor feichus oedd Anti Martha fel yr arferai ei mam alw'r mislif, o leiaf roedd o'n rhyw fath o arwyddbost i'w hemosiynau o fis i fis. A phan arferai Lili, wrth fynd i'r tŷ bach, weld fod Anti Martha wedi cyrraedd eto fyth, byddai'n ebychu'n ddistaw bach iddi hi ei hun: 'A! Dyna pam ti wedi bod yn gymaint o hen ast dros y deuddydd dwytha! A dyna pam wnest ti fwyta pedwar bar o Galaxy un ar ôl y llall ddoe!'

Bellach, roedd Lili'n ddigwmpawd. Doedd ganddi hi ddim syniad pam ei bod hi'n teimlo'n flin un funud, neu'n chwys domen y funud nesaf, pam ei bod hi'n gallu cofio dyfyniadau fil ond yn methu cofio'n aml iawn pam ei bod hi wedi mynd i mewn i ryw ystafell i nôl rhywbeth. Ond i nôl beth? Ar ben popeth, roedd thermostat ei chorff wedi hen chwythu ei blwc. Roedd yna adegau pan fyddai ei chorff hi'n gorboethi i'r fath raddau nes mai'r unig beth roedd hi eisiau ei wneud oedd crio'r glaw! Roedd hi'n boeth yn aml, ac nid mewn ffordd rywiol. Rhyw?! Beth oedd hwnnw?! Ych! Dim diolch! Un cysur bychan bach oedd y byddai bil gwres canolog Lili yn rhatach nag erioed o'r blaen. Roedd hi wedi diffodd y gwres ers talwm ac wedi agor pob ffenest yn y tŷ drwy fisoedd oer y gaeaf. Fawr o gysur mewn gwirionedd, yn nag oedd? Roedd rhaid chwilio'n galed iawn am unrhyw gysuron y dyddiau hyn.

Roedd hi ar fin dwyn mymryn o'r cwsg wnaeth wrthod yn lân ag ymweld â hi yn ystod noson aflonydd arall, pan wichiodd y cloc ei larwm aflafar. A hithau wedi gosod y cloc ym mhen draw'r llofft yn fwriadol er mwyn ei gorfodi i godi, bu'n rhaid ildio. Bu'n rhaid codi. Bu'n rhaid ufuddhau. 'Ufuddhau'. Tybed fyddai'r gair hwnnw'n rhan o'r llwon heddiw? Oedd, roedd y diawl diwrnod wedi cyrraedd: diwrnod priodas Lewis. Byddai'n rhaid i Lili fynd drwy'r diwrnod orau gallai hi. Gweld neb fyddai orau. Ond roedd hynny'n amhosib. Doedd hi ddim am siomi aelodau'r Cylch Sgwennu. Ac er nad oedd ganddi bwt o awydd mynd i Dre-fach heddiw o bob diwrnod, gwyddai y byddai'n ffordd o osgoi gorfeddwl, osgoi hel meddyliau gwirion.

Tarodd olwg sydyn dros restr y diwrnod wrth iddi gau ei choban nos yn dynn amdani a rhwygo'r dillad chwysylyd oddi ar y gwely a'u casglu'n belen.

7.11 Codi. Tynnu'r dillad gwely.
7.16 Cawod.
7.26 Sychu'r gawod. Rhoi'r tywel a'r dillad gwely yn y peiriant golchi.
7.30 Gwisgo. Sychu gwallt.

7.45	Brecwast iddi hi a Mrs Dalloway. Gadael i'r coffi fwydo yn y cafetière.
7.50	Dewis llyfr i Sue.
8.00	Pacio basged y Cylch Sgwennu wrth yfed y coffi. Cerdyn pwyntiau a chwpan coffi caffi Delyth yn y fasged.
8.16	Glanhau dannedd
8.30	Gadael
9.00	Garej Asda i gael ~~petrol~~ Disel. Cofia <u>Disel</u>!
9.15	Marks & Spencer
10.00	Caffi Delyth
10.45	Cylch Sgwennu
13.00	Cychwyn adref
~~14.00~~	~~Ffair Sborion~~

Roedd Lili'n hoffi creu rhestrau. Roedd Lili hefyd yn hoffi anghofio ei rhestr yn y tŷ, ac wedyn byddai'n gorfod bustachu i ddyfalu beth oedd arno fo wrth iddi bowlio troli o gwmpas yr archfarchnad! Doedd hi ddim wedi mynd dim pellach wrth lunio'r rhestr y noson cynt. Roedd gormod ar ei meddwl a dim syniad sut y gallai lenwi'r diwrnod oedd o'i blaen. Byddai'n rhaid iddi ganfod rhyw weithgaredd. Gwyddai y dylai gefnogi ei mam drwy fynd i'r ffair sborion yn y Neuadd Goffa'r prynhawn hwnnw.

Bu trigolion Y Foel yn ddiwyd dros y chwe mis diwethaf yn cynnal pob math o ddigwyddiadau i godi pres at gael Diffib i'r pentref. Mam Lili oedd un o'r prif drefnwyr. Cyrhaeddwyd y nod o fewn dim a gosodwyd y Diffib yr wythnos gynt ar wal allanol y Neuadd Goffa a chafwyd noson hyfforddi sut i'w ddefnyddio. Ond roedd y neuadd yn dal yn llawn dop o sborion ac felly, roedd heddiw wedi ei glustnodi i geisio cael gwared â'r holl ddillad a'r geriach oedd wedi tyfu'n fynydd yno. Byddai elw'r diwrnod yn mynd tuag at dalu am artistiaid i gynnal adloniant a gweithgareddau celfyddydol yng nghartref nyrsio Gwynfa ar gyrion y pentref.

Mynnodd ei mam y byddai dod i'r Neuadd Goffa yn gyfle i Lili gymdeithasu, i wneud ffrindiau. Erbyn i Lili ddod yn ôl i fyw yn Y Foel, roedd y rhan fwyaf o'i ffrindiau bore oes wedi hen adael am y trefi mawrion, neu wedi mabwysiadu cymunedau newydd o ffrindiau oedd yn famau i blant yr un oed â'u rhai nhw. Doedd Lili ddim yn perthyn i glwb y mamau na'r neiniau. Roedd ei mam wedi trio ei pherswadio hi i ymaelodi â Chlwb Gwawr. Ond roedd Lili fymryn yn anghyfforddus fod yna ddau glwb yn y pentref: Gwawr a Merched y Wawr. Ym mha un fyddai Lili'n ffitio? A pham bod menywod iau'r pentref wedi gweld yr angen i sefydlu clwb ar wahân i Ferched y Wawr? Onid oedd hynny'n dirmygu'r chwiroydd hŷn wrth nodi'n glir nad oedden nhw eisiau cymysgu efo nhw? "Dan ni ddim isio bod yn eich hen glwb hen chi!' Ond pwy oedd Lili i bwyntio bys? Doedd hi ddim wedi ymaelodi â'r naill glwb na'r llall.

Cariodd Lili'r dillad gwely ac anelu am y grisiau. Roedd hi'n dal i deimlo'n rhyfedd mynd lawr grisiau i fynd i'r gawod. Dim ond cwta chwe mis oedd wedi mynd heibio ers i Lili symud i rif dau, Penlôn. Lôn fach breifat yn mynd i unlle oedd hon a rhif dau yn un o bedwar yn y rhes. Er i Lili fyw yng nghyffiniau'r Foel erioed, roedd yna rannau o'r ardal oedd yn parhau'n weddol ddieithr iddi. Hyd nes iddi weld rhif dau Penlôn ar werth gan yr asiantaeth dai ar y we, wyddai hi ddim am fodolaeth y stryd fach gudd ar gyrion y pentref. Arhosodd Penlôn yn gyfrinach hyd nes iddi ddatgelu ei hun fel cwningen o het consuriwr a'i chyfarch gyda 'Hei Lili! Dyma fi!'

Gwyddai Lili cyn mentro i mewn i'r tŷ am y tro cyntaf mai hwn oedd y lle delfrydol iddi hi pan welodd y cloc haul yn yr ardd. Roedd holl fywyd Lili'n troi o gwmpas ei rhestrau a'r cloc a hynny er mwyn sicrhau na fyddai fyth yn hwyr i unman. Roedd prydlondeb yn rhinwedd. I Lili, roedd bod yn hwyr yn anghwrteisi o'r radd flaenaf ac roedd tuedd ganddi hi i fynd i banig llwyr pe tybiai ei bod hi am fod eiliad yn hwyr i rywle. Canlyniad hynny oedd ei bod hi'n cyrraedd pob man yn wirion bost o gynnar.

Cloc haul yn yr ardd! Be well?! Tybiai Lili'n ddistaw bach fod cael addurn mor rhwysgfawr mewn gardd mor fach yn naff braidd. Pa ddiben cael cloc haul mewn gardd na welai'r haul ond am ychydig oriau bob dydd? A ph'run bynnag, roedd hi wedi bwrw glaw bron bob dydd ers iddi symud i Benlôn. Ond glaw neu hindda, roedd y cloc fel rhyw fath o arwydd i Lili; arwydd bod y tŷ yma wedi bod yn aros amdani ers meitin ac y gwnâi gartref bach digon diddos iddi hi.

Bu'r pedwar tŷ yn y rhes yn gartrefi i chwarelwyr Y Foel ar un adeg. Idwal a Vera Tomos oedd yn byw yn rhif un. Corrach bach cysetlyd oedd Idwal, a Vera, ei wraig fach ddistaw (nad oedd yn dal iawn ei hun), ddwy droedfedd dda yn dalach na fo. Sylwodd Lili, ar un o'r adegau prin y bu mewn yn eu tŷ nhw, fod gan Vera obsesiwn efo glanweithdra. Bu'n rhaid i Lili ddiosg ei sgidiau cyn camu dros riniog rhif un Penlôn. Gofynnodd Vera iddi helpu ei hun i'r hylif glanweithdra ar gyfer ei dwylo wrth iddi ddod i mewn. Oedd Vera'n meddwl ei bod hi'n hen slebog fudr, tybed? Gwelodd fod Vera'n gwisgo menyg cotwm yn y tŷ, ac roedd y soffa yn y parlwr, a hyd yn oed yr antimacasars, wedi eu gorchuddio â phlastig. Pan gododd Lili o'r soffa, rai oriau ar ôl dioddef pregeth hirfaith Idwal ar reolau bywyd Penlôn, gwnaed sŵn anffodus yn sgil y ffaith i'w chluniau fod wedi glynu ym mhlastig gorchudd y soffa. Tybed p'run oedd waethaf, cael obsesiwn am lanweithdra neu obsesiwn am brydlondeb?

Efallai fod Vera druan fel cysgod o gwmpas y lle, ond roedd Idwal yn bresenoldeb cyson ym Mhenlôn. Daeth hi'n amlwg i Lili o'r dechrau un mai Idwal oedd wedi ei apwyntio (ganddo fo'i hun) fel gofalwr y stryd fach. Fo oedd y cyntaf i gnocio'r drws y diwrnod y symudodd hi i rif dau, a chyn iddi hi fedru dweud 'bore da' fe arthiodd y corrach arni,

'Cymraeg dach chi? Idwal Tomos. Ydi'r lorri yna'n mynd i fod yma'n hir?'

Eglurodd Lili wrtho, wrth iddi geisio dringo dros y soffa oedd fel mur rhyngddi hi a'r drws, fod ganddi dipyn o bethau i'w gwagio o'r lorri, ond bod dynion y *removals* yn gweithio'n ddygn, chwarae teg iddyn nhw, a'u bod yn cael paned fach haeddiannol cyn ailgychwyn ar y gwaith...

'Dach chi wedi gweld yr arwydd?' gofynnodd y corrach bach, gan roi'r argraff nad oedd o wedi clywed dim o'r hyn ddywedodd hi. Oedd, roedd Lili wedi gweld yr arwydd o flaen lle parcio rhif un, yr arwydd mewn llythrennau breision coch: DIM PARCIO. DIM TROI. *NO PARKING. NO TURNING.*

'Lôn breifat ydi hon. Mi fydd rhaid i'r lorri 'na facio allan pan mae o'n gadael. Dydi o ddim i drio troi fan hyn neu mi fydd o wedi chwalu'r *chippings* i gyd.'

Edrychodd Lili arno mewn syndod. Oedd y dyn bach

yma o ddifri? Gyda gofal a bacio deheuig, roedd digon o le i'r lorri droi a pha ots am y 'chippings'? Ond cofiodd ei bod hi rŵan yn gymydog i'r dyn bach blin (neu 'Idwal yr Idiot' fel y daeth i'w alw'n ddistaw bach yn fuan ar ôl setlo yn ei chartref newydd). Byddai'n talu iddi fod ar delerau go lew efo fo os oedd hi am gael bywyd di-straen.

'Chi bia'r car yna?' gofynnodd ei chymydog newydd gan gyfeirio at ei char fel pe bai 'na faw ci o dan ei drwyn. Oedd, roedd yr hen Escort a etifeddodd Lili ar ôl iddi golli ei thad dros ugain mlynedd yn ôl bellach yn hen groc o gar, ond oedd rhaid bod cweit mor ddilornus? Brathodd Lili ei thafod. Gwell fyddai ceisio boddi hwn mewn dŵr cynnes. Gwenodd Lili a gofyn a hoffai gael paned fach o de.

'Dim diolch. Gen i betha i'w gwneud. Mae Vera'n deud 'mod i 'di troi yn hen Victor Meldrew, 'chi. Ond mae rhaid i rywun gadw trefn ar y lle 'ma. Un peth arall. Gochelwch rhag Wilma, y witsh sy'n byw drws nesa i chi. Hen finag o fenyw!'

Ac ar hynny, diflannodd Idwal fel rhyw *hobbit* bach blin i lawr llwybr yr ardd fach a thrwy'r giât.

Dysgodd Lili'n ddigon buan nad gwrach mo Wilma. Roedd ei disgrifio hi fel 'finag o fenyw' braidd yn llym hefyd; pupur a halen efallai, ond nid finag. Roedd Wilma'n hen ac yn amlwg yn dioddef o ryw fath o ddementia, er ei bod hi'n byw ar ei phen ei hun ac i'w gweld yn dygymod yn o lew. Doedd ganddi hi ddim teulu ar wahân i nith smart iawn o'r enw Ruth, ond prin iawn y deuai honno i weld ei modryb.

Er gwaethaf niwl ei chof, roedd Wilma'n bianydd o fri ac weithiau fe glywai Lili gerddoriaeth hyfryd Debussy drwy'r pared. Tueddai Wilma i ganu'r piano tua phedwar neu bump o'r gloch y bore. Byddai cymydog cyffredin yn siŵr o fod yn flin o gael ei ddeffro ganol nos, ond byddai Lili fel arfer yn effro beth bynnag. Roedd rhyw gysur rhyfedd i'w gael o wybod fod ei chymydog yn effro hefyd. Heb yn wybod iddi hi, roedd Wilma'n cadw cwmni i Lili'n aml yn ystod oriau mân y bore; yr oriau pan fyddai unigrwydd yn chwarae ei driciau creulonaf.

Pysgodyn anniddig oedd Wilma druan a nofiai mewn dŵr llwyd. Gallai fod yn gas, ond tybiai Lili mai'r dementia oedd yn ei drysu. Sut gallai rhywun oedd yn medru creu cerddoriaeth hyfryd fod mor biwis? Ie, y dementia oedd i gyfrif, mae'n siŵr. Poen meddwl mwyaf a mantra Wilma druan oedd beth oedd am ddigwydd iddi hi ar ôl marw, oedd hi am gael ei llosgi ynte cael ei chladdu yn y pridd?

Poen meddwl mwyaf Lili'r bore hwnnw, a hithau angen mynd i Dre-fach, oedd sut i adael y tŷ heb gael ei rhwydo gan Wilma neu Idwal. Roedd hon yn broblem feunyddiol. Doedd Lili ddim mewn hwyliau da i wneud mân siarad â neb heddiw. Un canlyniad i'r menopos oedd nad oedd ganddi'r ffilter call i'w hymatebion fel oedd ganddi ers talwm. Nid dim ond oestrogen oedd yn diflannu o'i chorff ond tact hefyd. Roedd hi'n gorfod canolbwyntio'n galed weithiau ar beidio melltithio a rhegi unrhyw un fyddai'n ei chroesi.

Doedd dim rhaid iddi boeni am neb yn rhif pedwar. Roedd piano Wilma (heb sôn am swnian Idwal) wedi gyrru'r tenant diwethaf yn benwan a bu'r tŷ'n wag ers misoedd a'i berchennog, meddai Idwal, yn cysidro ei osod ar Airbnb. Hwn oedd brawd mawr y rhes. Er bod y pedwar tŷ yn edrych yr un fath o'r tu allan, roedd pob un ychydig yn fwy ei faint na'i gymydog, a rhif pedwar, a arferai fod yn dŷ i un o stiwardiaid yr incléin, oedd y mwyaf ohonynt. Roedd gan rif pedwar ardd go sylweddol wrth ei dalcen, ynghyd â gwinllan fechan y tu ôl i'r tŷ.

Bu tipyn o weithgaredd yno'n ddiweddar gyda fan rhyw beintiwr o Dre-fach yno, a Lili'n tybio'n siŵr ei fod yn rhoi côt o baent cyn croesawu'r ymwelwyr nesaf. Bu'n rhaid i Lili wrando ar gwyno Idwal yr Idiot am hydoedd wrth iddo waredu o feddwl am geir twristiaid yn tramwyo'r lôn ac yn gwneud llanast o'r 'chippings'. 'Lôn breifat ydi hon. Lôn breifat.' A hithau'n gorfod brwydro rhag dweud yr hyn oedd ar ei meddwl, sef 'Ffyc off! Ffyc off! Ffyc off!' Beth yn y byd oedd wedi dod drosti? Doedd hi ddim yn adnabod hi ei hun weithiau. Doedd hi ddim yn arfer bod mor gythreulig o flin â hyn wrth y byd a'i fodryb. Y diffyg cwsg oedd yn cael y bai a'r rheswm am hynny oedd y diawl menopos. Hwnna oedd o. Neu efallai mai'r gwir plaen oedd mai hen ast flin oedd hi yn y bôn.

Sodrodd Lili'r dillad gwely wrth y peiriant golchi. Amser cael trefn arni hi ei hun yn lle'r gorfeddwl diddiwedd yma oedd fel cadair siglo; yn siglo, siglo a mynd i nunlle. Roedd hi angen cychwyn yn brydlon er mwyn cael digon o amser i wneud mymryn o neges, cael sgwrs os yn bosib efo Delyth yn y caffi, cyn croesi draw i'r ystafell gymunedol yn y ganolfan yn Nhre-fach. Byddai hi fel arfer yn mwynhau orig fach yng nghaffi Delyth cyn cychwyn y Cylch Sgwennu. Gorau i gyd os nad oedd y caffi'n rhy brysur er mwyn i Delyth a hithau gael cyfle i roi'r byd mawr dyrys yn ei le.

Gresynai Lili nad oedd Delyth yn rhydd yn ddiwedd-arach y diwrnod hwnnw o bob diwrnod i gadw cwmpeini iddi hi. Doedd dim amdani ond cau'r drws ar y byd ac i'r diawl â phawb! Fel arfer byddai hi wedi llunio rhestr gynhwysfawr cyn mynd i siopa. Ond heddiw, roedd ei meddwl hi'n gawl. Fe neilltuai amser yn Nhre-fach y bore hwnnw i brynu potel o rywbeth bach neis a thameidiau blasus i'w bwyta ar gyfer y prynhawn a'r gyda'r nos fel gwobr am ei gwaith. Bwyd syth o baced. Bwyd oer. Bwyd bys a bawd. Gwyddai na fyddai ganddi ddim amynedd coginio dim byd. Cau'r llenni ar y byd, a gwylio'r teledu. Doedd hi ddim eisiau gweld affliw o neb, dim hyd yn oed Mrs Dalloway. Roedd hi wedi gwglo'r *TV listings* y noson gynt er mwyn ceisio canfod rhywbeth fyddai'n pasio prynhawn a noson hir iddi hi. Ond doedd dim yn tycio. Roedd arlwy nos Sadwrn ar y teledu yn waeth nag unrhyw noson arall o'r wythnos.

Cyn ceisio trefnu rhywbeth i lenwi ei phrynhawn a'r nos, byddai'n rhaid i Lili feddwl pa dasgau a pha themâu i'w rhannu efo aelodau'r Cylch Sgwennu heddiw. Roedd hi'n groes i'r graen iddi fynd i'r sesiwn heb gynllun a heb amserlen. Roedden nhw mor frwd, mor ddisgwylgar, fel cywion yn y nyth yn aros am luniaeth. Ond doedd hi ddim wedi paratoi dim ar eu cyfer y tro hwn. Fu ganddi mo'r egni. Roedd hi'n gwbl hesb o syniadau. Roedd hi'n jôc o diwtor. Dwrdiodd ei hun am fod mor negyddol, mor hunanfeirniadol. Doedd hunandosturi ddim yn mynd i'w helpu hi i ysbrydoli'r aelodau. *Pen i fyny, Lili. Mi fedri di oroesi'r diwrnod. Pen i fyny.*

19

7.17 y.b.

Gwelodd Lili ei hadlewyrchiad yn nrych yr ystafell ymolchi. Sugnwyd unrhyw arlliw o deimladau cadarnhaol allan ohoni yn y fan a'r lle. Am olwg! Roedd cwsg, neu ddiffyg cwsg, yn staen ar ei hwyneb. Yn ogystal â'r ffedogau o dan ei llygaid, roedd wy wedi'i ffrio wedi ymddangos ar flaen ei thrwyn a hynny'n ddirybudd. Pe bai hi'n hogan yn ei harddegau, byddai'n gallu rhyw lun o ddallt. Ond dynes ganol oed yn dal i gael plorod?! Ble roedd 'na gyfiawnder?

Camodd i'r gawod. Yn y gawod y deilliodd nifer o'i syniadau gorau. Ond roedd hynny beth amser yn ôl bellach. Ac roedd cawod ei chyfnod toreithiog fel awdur yn yr hen dŷ: y tŷ a rannodd am dros ugain mlynedd efo Lewis. Doedd cawod ei nyth bach newydd ddim wedi cynnig dim ysbrydoliaeth o gwbl iddi hi hyd yma.

Dyheai am gael sgwennu eto. Roedd ei nofelau hanesyddol cynnar wedi dod â chlod iddi hi, yn arbennig y gyfres am Gwenllian ferch Llywelyn. Un o benodau tristaf hanes menywod Cymru i Lili oedd bod Gwenllian yn arwyddo ei henw yn ei chaethiwed yn y priordy yn Sempringham fel 'Wentliane', a hynny'n awgrymu'n gryf na chlywsai erioed neb yn ynganu ei henw'n gywir.

Wyddai hi rywbeth am ei llinach, tybed? Penderfynodd Lili greu byd lle cafodd Gwenllian fyw yn rhydd i arwain ei chenedl fel y ceisiodd y Gwenllian arall wneud bron i ddwy ganrif ynghynt. Ond diwedd trist oedd tynged y Gwenllian honno yng Nghydweli hefyd. A do, maes o law, fe luniodd Lili nofel hanesyddol am Gwenllian ferch Gruffydd hefyd.

Cafodd adolygiad negyddol i'r nofel honno. Honnai'r adolygydd fod gan Lili duedd i fyw a bod yn y gorffennol. Bu'n rhaid i Lili gyfaddef yn ddistaw bach iddi hi ei hun bod yna ronyn o wirionedd yn yr honiad hwnnw. Onid oedd hi'n eironig braidd ei bod hi, oedd mor gaeth i'r cloc fesul eiliad, yn ymdrybaeddu yn nigwyddiadau'r gorffennol? Ond yr hyn a frifodd Lili'n fwy na hynny oedd sylw brwnt yr adolygydd ymhonnus ei bod wedi llwyddo i lunio nofel gredadwy iawn am ddynes oedd wyth mis yn feichiog pan ddienyddiwyd hi a hithau fel awdur yn ddi-blant. Temtiwyd Lili ar y pryd i ymateb i'r adolygydd drwy ddweud na, doedd hi ddim yn fam, ond doedd hi, hyd yma, diolch i'r drefn, ddim wedi cael ei dienyddio chwaith. Roedd hi, fel awdur, yn defnyddio ei dychymyg! Syndod o syndod! Wnaeth hi ddim ymateb i'r adolygydd, wrth gwrs, dim ond mynd i'w chragen ac wedyn deffro un bore a phenderfynu troi ei llaw at nofelau cyfoes. Ond roedd y rheiny'n achosi penbleth iddi hi braidd.

Dyheai am ysbrydoliaeth. Roedd digon o gymhelliad, sef dedlein y cyhoeddwyr, ond roedd sgrin y dudalen wen ar ei chyfrifiadur yn gweiddi ei gwacter arni bob dydd a dyddiad cyflwyno drafft cyntaf ei phumed nofel i'w golygydd yn agosáu fymryn bach bob dydd, fel hen lanw di-drai. Bu'n sownd ar drydydd paragraff yr ail bennod ers wythnosau a doedd trio ychwanegu at y ddau baragraff cyntaf er mwyn cael y pleser o weld y *word count* yn cynyddu ddim yn arwydd da. Gwyddai ei bod hi wedi mynd i'r pen arni hi. Gwnâi unrhyw beth er mwyn osgoi sgwennu, er mwyn osgoi wynebu'r sgrin wag. Byddai'n gwirio ei he-byst a'i dyddiadur, yn llunio rhestrau neu'n catalogio ei llyfrau.

Bu am gyfnod, tan yn ddiweddar, yn byw a bod yng nghaffi'r Llechen efo'i gliniadur. Os oedd awduron eraill, fel J. K. Rowling, wedi llwyddo i sgwennu campweithiau mewn caffi, pam na allai hi? Ond roedd Y Llechen, a arferai fod yn lle go ddistaw, bellach wedi dechrau sesiynau boreol i'r cylch mamau oedd yn bwydo o'r fron. Doedd gan Lili ddim gwrthwynebiad o gwbl i'r merched wneud hynny yn y caffi, ond doedd cael cefndir o fabanod yn sgrechian a mamau'n cymharu nodiadau am eu diffyg cwsg a'u *mastitis* ddim yn awyrgylch ffafriol iawn i sgwennu. A beth bynnag, doedd Lili ddim yn hoffi eistedd yno am oriau'n yfed un neu ddwy baned yn unig. Er mwyn lleddfu cydwybod, byddai'n prynu clamp o sgonsan a jam a hufen efo'i phaned a chinio mawr ymhen rhyw awran wedi hynny. Canlyniad hynny oedd bod ei nemesis clorian yn yr ystafell ymolchi'n gwegian bob tro y byddai'n troedio arni.

Roedd y menopos wedi penderfynu chwarae sawl tric sâl arni hi, ac un ohonyn nhw oedd pentyrru'r pwysau arni hi, bwyta sgons ai peidio. Doedd dim o'i dillad bellach yn gweddu nac yn ei ffitio hi'n dwt. Roedd gwisgo bra hyd yn oed wedi dechrau mynd fymryn yn anghyfforddus a hithau wedi magu cnawd newydd o gwmpas ei chefn dros nos. Ateb tymor byr Lili i hynny oedd llacio bachau'r bra.

Yn hytrach na chau'r bra ar y bachyn pellaf, roedd hi bellach yn ei gau ar y bachyn llacaf. Rhoddodd y gorau hefyd i dycio ei chrysau yn ei throswus neu ei sgert am blwc. Glynai at ei dillad llac ac yn araf bach gwelai ei hun bob dydd yn mynd yn debycach i'w mam. Y cam nesaf, mae'n siŵr, fyddai dechrau gwisgo ffrogiau *crimplene* a chael *shampoo and set* yn siop trin gwallt Alwena.

Un anfantais arall o geisio sgwennu yn Y Llechen oedd nad oedd yno le i tsharjo'r gliniadur. Dibynnai'n llwyr ar y batri. Un diwrnod prin pan lwyddodd i ganfod blewyn bach o awen, fe drodd sgrin ei chyfrifiadur yn angheuol ddu. Diffoddodd y cyfrifiadur gan lyncu holl eiriau'r bore i'w safn barus. Roedd Lili ar fin beichio crio o flaen cwsmeriaid Y Llechen. Paciodd ei chyfrifiadur a'i llyfrau a chythru am adre, cyn i neb ei gweld yn y fath gyflwr truenus.

Honno oedd yr hoelen olaf yn arch ei hymweliadau beunyddiol â'r Llechen. Bu'n rhaid iddi geisio ymwroli a sgwennu yn ei chartref, fel y rhan fwyaf o awduron eraill. Mewn ymgais bathetig arall i geisio denu syniadau, i ganfod rhyw ysbrydoliaeth, roedd hi hyd yn oed wedi dechrau mynd am gawod yn ystod ambell brynhawn. Cawod oer wrth gwrs, gan ei bod hi'n chwysu chwartiau. Efallai ei bod hi'n hynod o lân, ond o safbwynt y sgwennu, doedd dim yn tycio.

Roedd aelodau'r Cylch Sgwennu wedi gofyn ers tro byd am sesiwn ar 'Greu Cymeriad'. Ond hyd yn oed â'r sebon a'r dŵr yn anwesu ei chorff y bore hwnnw, ddaeth dim ysbrydoliaeth hyd yn oed ar gyfer hynny. Byddai'n rhaid iddi drio stwnsio'i ffordd drwy sesiwn heddiw rhywsut. Roedd dwy awr yn amser hir i falu awyr. Roedd hi i fod wedi arwain ar yr un testun yn y sesiwn fis ynghynt. Sut oedd disgwyl iddi hi allu goleuo'r aelodau am y dulliau gorau o greu cymeriadau crwn, credadwy, a hithau'n methu'n lân â sgwennu ers rhai wythnosau; ers rhai misoedd pe bai hi'n bod yn onest? Bu'n rhaid cydnabod iddi hi ei hun yn ddistaw bach ei bod hi wedi cyrraedd wal ddiadlam. Roedd ei gwaith sgwennu gorau filltiroedd, ganrifoedd y tu ôl i'r wal honno. Y straen mwyaf oedd ceisio cadw hyn yn gyfrinach yn y gobaith y deuai, cyn hir, olau ym mhen draw'r twnnel du hwn o anobaith. Ai dim ond nofelau wedi'u seilio ar bersonoliaethau o fyd hanes roedd hi'n gallu eu sgwennu? Oedd ganddi hi ddim dychymyg o gwbl? Doedd fiw iddi sôn wrth ei golygydd. Byddai honno'n wfftio'n syth. Onid priod waith golygydd oedd canfod beiau?

Teimlai'n rhagrithiol wrth iddi smalio bod ganddi'r atebion i gwestiynau aelodau'r Cylch Sgwennu; cwestiynau na allai hi eu hateb ei hun. Doedd ganddi hi ddim fformiwla hudol y gallai ei rhannu efo nhw, er eu bod, y naw ohonynt, am ryw reswm yn grediniol y gallai hi eu hachub, a thrwy hynny eu cymell i sgwennu campweithiau. Roedd hi wedi ystyried cyfaddef wrthyn nhw yn y sesiwn ddiwethaf ei bod hi ar ben ei thennyn ac nad oedd hi'n deilwng ohonynt; bod awduron llawer gwell na hi a allai eu helpu. Ond roedd ffi fach y sesiynau'n gaffaeliad, a gwyddai Lili fod angen godro mwy nag un fuwch er mwyn dal ei phen uwchben y dŵr.

Câi gant ac ugain o bunnoedd am ddwy awr yn unig o waith ar fore Sadwrn unwaith y mis, ac fe ddefnyddiai hwnnw fel bonws bach iddi hi ei hun yn Marks neu yn y siop lyfrau ar draws y ffordd. Roedd y ffi yn hael o'i chymharu ag unrhyw brosiectau sgwennu eraill. Ceisiai Lili ei gorau glas i beidio â gwario'r ffi yn y siop lyfrau gan fod ganddi ormodedd ohonynt, neu 'hylltod ohonynt' fel y byddai ei mam yn ei ddweud wrth edliw iddi'r llanast yn y tŷ. Roedd llyfrau'n llenwi pob silff, pob cilfach o'i thŷ bach newydd. Dyna un peth na wnaeth Lewis gwffio amdano yn ystod y chwalfa. Cafodd Lili'r holl lyfrau a chafodd Lewis y casgliad recordiau a'r chwaraewr recordiau *vintage* a brynodd iddo un Nadolig.

Pan fyddai Lili farw, byddai ei llyfrau hi, i bwy bynnag fyddai'n ddigon anlwcus i orfod clirio'r tŷ, yn rhyw fath o gofnod o bwy oedd hi. Cyndyn iawn oedd hi i ffarwelio ag unrhyw lyfr, ar wahân i ddewis un i'w roi yn anrheg i'w ffrind Sue bob mis. Roedd cysur mewn llyfrau. Y peth cyntaf wnaeth hi ar ôl prynu'r tŷ oedd cael saer i adeiladu silffoedd ymhobman, hyd yn oed o dan y grisiau. Doedd y saer erioed wedi gweld gymaint o lyfrau.

'Ydach chi 'di darllen rhain i gyd?'

'Na, dim bob un.' Taflodd y saer wên wan ati hi. Wyddai Lili ddim yn iawn beth oedd arwyddocâd ei wên. Oedd o'n ei dirmygu hi? A chyn iddi fedru ffrwyno ei thafod fe daflodd hon yn ôl ato:

'Ydach chi'n defnyddio bob un o'r tŵls sydd yn eich fan chi?' Edrychodd y saer arni hi gan geisio gwneud pen a chynffon o ergyd ei sylw. Wedi dweud hynny, doedd Lili ddim yn siŵr beth roedd hi'n drio'i ddweud chwaith. Ers dechrau'r menopos roedd ganddi hi duedd i orymateb i bopeth. Roedd hi'n hynod amddiffynnol os nad yn oramddiffynnol o'i llyfrau. Ceisiodd liniaru'r sefyllfa drwy ychwanegu,

'Dwi 'di darllen y rhan fwyaf ohonyn nhw, ar wahân i'r

Beibl. Ond 'swn i'n licio darllen hwnnw ar ei hyd rywdro. Dim am fy mod i'n grefyddol. Dydw i ddim. Ond mae 'na straeon da ynddo fo.'

Roedd hi'n amlwg o wyneb y saer ei fod o'n meddwl fod Lili'n fymryn o ffrîc. Ond bwriodd i'w waith o greu'r silffoedd. Silffoedd ar gyfer llyfrau a ddarllenwyd; silffoedd ar gyfer llyfrau heb eu darllen; silffoedd ar gyfer llyfrau mawr; silffoedd ar gyfer llyfrau canolig a silffoedd ar gyfer llyfrau bach. Cynlluniwyd silffoedd ar gyfer y lolfa, y gegin, y llofft a hyd yn oed rai yn y tŷ bach. Roedd ganddi hyd yn oed silff yn y cyntedd i lyfrau am lyfrau.

'Pa lyfra sy'n mynd i fan hyn?' gofynnodd y saer wrth geisio drilio'r wal uwchben y sistyrn.

'Poop fiction!' Meddai Lili'n gwneud ymgais i gracio jôc. Ond chafwyd dim ymateb a wyddai Lili ddim a oedd y saer wedi ei chlywed uwchben sŵn y drilio. Un peth roedd hi'n ei synhwyro oedd bod ei phresenoldeb hi yn y tŷ bach cyfyng yn gwneud y saer yn anghyfforddus. Ymneilltuodd i'r gegin at Mrs Dalloway i smalio bod yn brysur, ond troi ei chefn arni hi wnaeth honno y diwrnod hwnnw.

Hyd yn oed ar ôl adeiladu'r holl silffoedd, roedd rhai cyfrolau'n dal yn eu bocsys, yn ddigartref. Byddai ei mam hi'n dweud wrthi hi dro ar ôl tro gymaint taclusach fyddai'r tŷ pe bai hi'n darllen Kindle yn hytrach na llyfrau. Ond roedd Lili wedi methu cymryd at y Kindle. Doedd gan Kindle ddim enaid. Yr unig bryd y gwelai fudd ohono mewn gwirionedd oedd pan fyddai hi'n mynd ar wyliau, a chyfyngiad ar bwysau'r cês yn golygu na allai fynd â'r deg neu fwy o gyfrolau roedd hi wedi gobeithio eu pacio. A hyd yn oed wedyn fe fyddai hi'n dal i bacio dwy neu dair cyfrol rhag ofn i'r Kindle beidio gweithio, neu rhag ofn nad oedd yna signal neu Wi-Fi yn y gwesty. Ond doedd hi ddim awydd mynd ar wyliau i unman ar hyn o bryd. Pa wefr a gâi o fynd dramor i wlad gynnes a hithau'n chwysu yng nghanol gaeaf? A doedd sgio ddim yn apelio, ar wahân i'r *après ski*, er iddi hi ddyheu'n aml yng nghanol ei phyliau poeth am gael gorwedd yn noeth mewn eira.

Byddai'n rhaid iddi ymarfer hunanddisgyblaeth a pheidio â gwario yn y siop lyfrau heddiw. Sgowt bach o gwmpas Marks a phaned efo Delyth amdani. A dim euogrwydd. Er mai prin yn aml iawn fyddai'r newid o'i ffi ar ôl cyrraedd adref, teimlai, yn gam neu'n gymwys, ei bod hi'n haeddu difetha'i hun unwaith y mis.

Pe bai Lili wedi bod yn briod â Lewis, byddai wedi derbyn hanner ei bensiwn. Ond fuodd priodas erioed yn ystyriaeth go iawn. Cadw cwmpeini i'w gilydd fu prif swyddogaeth eu perthynas mewn gwirionedd. Rhyw chwarae syrthio mewn cariad wnaeth y ddau ar ôl penwythnos rygbi gwirion yn Nulyn a rhuthro o fewn llai na blwyddyn i brynu tŷ efo'i gilydd. Unigrwydd oedd i gyfrif am y fath ffwlbri. Roedd hi newydd golli ei thad ac yn crefu am gwmpeini i leddfu'r galar. Roedd perthynas hir Lewis efo Sara Lois o Dre-fach newydd orffen, ac roedd Lili'n amau mai dial ar Sara Lois am feiddio gorffen efo fo oedd un rheswm iddo yntau ruthro'n ddall i berthynas newydd arall.

Bu Lili a Lewis cyn wirioned â'i gilydd. Trodd eu perthynas yn arferiad mor gyson a di-droi'n-ôl â'u harferiad o gael Hobnobs efo paned o Earl Grey o flaen *Newyddion Naw*. Doedden nhw ddim hyd yn oed yn rhannu'r un gwely ers i Lili gychwyn y menopos. A byddai pob bore yn y gegin yn cychwyn â'r un cyfarchiad: 'noson iawn o gwsg?' Nid bod gan Lili na Lewis wir ddiddordeb yn yr ateb nac ym mhatrwm cwsg y naill na'r llall. Yr unig destun sgwrs arall oedd y tywydd a thro pwy oedd hi i sortio'r biniau ailgylchu bob nos Fawrth.

Ers symud i Benlôn, rhoddodd Lili'r gorau i yfed te a bwyta Hobnobs fin nos. Bellach byddai'n yfed gwydraid (neu ddau) o Rioja a phlatied o Digestives a chaws Caerffili, ac nid o flaen *Newyddion Naw*, ond o flaen ffilm neu gyfres ar Netflix. Doedd dim pwynt edrych yn ôl. Efallai i Lewis wneud ffafr â hi'n cael affêr efo Karen. O leiaf doedd dim rhaid iddi hi smalio bod yn hapus rŵan a gallai, o'r diwedd, berchnogi'r *remote control*. Un fantais arall oedd nad oedd yn rhaid iddi ddioddef llawer o arferion diflas Lewis fel sodro bagiau te gwlyb ar *worktops* y gegin fyddai'n gadael hen staen fel nicotin budr ar y pren. Roedd llawer i'w ddweud dros fyw yn annibynnol, ac er ei bod hi'n dioddef unigrwydd o bryd i'w gilydd, doedd hynny'n ddim byd newydd. Doedd unigrwydd ddim wedi ei gyfyngu i bobl oedd yn byw eu hunain. Gallai Lili dystio i'r ffaith y gellid bod yn affwysol o unig yng nghanol torf.

Gyda gwerth hanner y tŷ a rannodd hi efo Lewis, llwyddodd Lili i brynu rhif dau Penlôn, ond doedd ganddi fawr ddim wrth gefn a chyda'r bloc parlys creadigol sgwennu wedi datblygu'n broblem go iawn, roedd ei photensial hi i greu incwm bychan yn pylu. Roedd sawl comisiwn gan sawl gwasg a sawl golygydd yn aros amdani hi. Ond hyd yn oed pe gallai gwblhau pob comisiwn, fyddai ei hincwm hi ddim gwerth sôn amdano. Doedd sgwennu ddim yn talu. Ac roedd methu sgwennu'n fusnes drud gan y byddai hi'n gorfod talu'r tâl comisiwn cyntaf yn ôl i'r wasg. Ai chwerwder y tor perthynas oedd i gyfrif bod ei ffynnon greadigol yn sych? Doedd gan Lili ddim problem efo symud i dŷ llai – roedd ei chartref newydd yn fach, oedd, ond yn glyd a digon del. Ond fedrai hi ddim peidio ag edliw'r ffaith y gallai Lewis rŵan fforddio tŷ llawer mwy ar ei gyfer o a'r 'Carer'.

Roedd dŵr y gawod wedi dechrau oeri a'i chorff yn groen gŵydd drosto; profiad prin y dyddiau hyn. Diffoddodd Lili'r dŵr, estyn am y tywel a chamu allan o'r gawod. Diferai'r tap o hyd, er iddi ei gau'n dynn. Byddai'n rhaid cael rhywun draw i'w drwsio. Ond ddim heddiw. A beth bynnag, roedd hi'n ddydd Sadwrn. Digon anodd cael plymar allan yn ystod yr wythnos. Amhosib ar ddydd Sadwrn.

Gwelodd Lili ei hun yr eilwaith y bore hwnnw yn y drych. Roedd ei gwallt yn gynffonnau llygod gwlyb ar ei hysgwyddau, ei llygaid yn ddau hollt bach briwedig a'r ploryn yn pwyo ar ei thrwyn. Nid sgwennu'n unig oedd y tu ôl iddi, roedd unrhyw arlliw o'i hieuenctid wedi hen ddiflannu hefyd. I ble'r aeth yr hogan fach â'r croen alabastr? I ble'r aeth yr holl flynyddoedd? Edrychai'n hŷn na'i hanner can mlwydd. Gwasgodd y ploryn. Doedd hi ddim eisiau i neb ei gweld efo'r hyllbeth erchyll ar ei thrwyn. Byddai dŵr poeth y gawod wedi meddalu'r ploryn, mae'n siŵr. Gwasgodd eto. Roedd hwn yn bloryn styfnig ar y diawl. Gwasgodd eto a chael boddhad o weld y llid melyn yn dianc ac yn slempio'r drych yn Pollock o baent. Bu'n rhy frwd yn ei hymgyrch am oruchafiaeth dros y ploryn gan iddi hi hefyd dynnu gwaed, gan adael ploryn bach a fu unwaith yn felyn bellach yn Feswfiws mawr tanllyd, coch. Mor, mor annheg.

Craffodd eto ar ei hadlewyrchiad a'i meddwl yn crwydro at ferch arall, lawer teneuach, lawer iau na hi, bymtheng mlynedd yn iau a bod yn fanwl. Mae'n siŵr ei bod hithau o flaen drych rŵan, ond ei bod hi'n pincio at ei phriodas. Ei phriodas â dyn llawer hŷn. Beth mewn difri calon oedd hogan ifanc smart fel Karen wedi'i weld mewn dyn oedd bron yn ddigon hen i fod yn dad iddi hi? Mae'n siŵr y gwelai, ar ôl i'r mis mêl basio, ac wrth i'r bwlch oedran rhyngddyn nhw amlygu ei hun, mai gofalwr i Lewis gyda'i alergeddau a'i wahanol gyflyrau fyddai hi'n anad dim. 'Karen y Carer'! O leiaf fyddai dim rhaid i Karen ofalu am neb arall, fel y bu'n rhaid i Lili.

Bu mam Lewis farw ddwy flynedd ynghynt. Daeth i fyw at Lili a Lewis ar ôl iddi gael clun newydd. Trefniant dros dro oedd hwn i fod, tan y byddai'r glun newydd wedi mendio, ond cafodd yr hen wraig druan strôc enfawr. A Lili newydd golli ei gwaith rhan-amser yn y llyfrgell, hi wnaeth y siâr fwyaf o ofalu, a'r gofalu ddydd a nos yn llyncu ei hamser i sgwennu. Gallai Lewis ddianc bob dydd i'w swyddfa yn Adran Briffyrdd y Cyngor Sir. Wnaeth o ddim ystyried bod y gwaith o ofalu am ei fam yn golygu nad oedd gan Lili felly fawr ddim amser i sgwennu. Ond wedyn, doedd Lewis erioed wedi dallt 'y busnes sgwennu 'ma' mewn gwirionedd. Sawl gwaith y cyfeiriodd at ei gwaith sgwennu hi fel 'y lol chwarae efo pensiliau 'ma'! Bodlonodd Lili ar ofalu am ei fam gan geisio dal i fyny efo'r 'lol chwarae efo pensiliau 'ma' ar benwythnosau tra byddai Lewis yn canfod rhyw esgus i 'bicio allan'. Roedd o'n anobeithiol. A'r hyn a gythruddai Lili erbyn hyn oedd sylweddoli fod Lewis yn dianc rhag ei gyfrifoldebau'r adeg honno i freichiau Karen gan adael Lili yno i gymryd yr awenau. Cymerodd yr hen wraig saith mis i farw.

Na, fe fyddai'n rhaid i Karen ddioddef obsesiwn Lewis efo'i goluddion a'i waedd bob diwrnod wrth ddod o'r lle chwech, 'Llwyddiant!' Gwyddai Lili fod angen tipyn o egni i ddandwn ei ego chwyddedig o. Mae'n rhaid nad oedd hithau'n berson hawdd iawn byw efo hi chwaith. Fedrai Lili ddim cofio'r un wythnos yn ystod yr ugain mlynedd o gyd-fyw pan na ddywedodd Lewis,

'Dy broblem di, Lili, yw...'

Wel, problem 'Karen y Carer' oedd o bellach. Gwynt teg ar ei ôl o a phob lwc iddi hi'r gloman wirion. Byddai Lewis wedi ymddeol o'i swydd yn y Cyngor Sir o fewn dwy flynedd ac fe fyddai dan draed go iawn wedyn. Roedd Lili'n rhoi tair blynedd *max* i'r briodas bara.

Fedrai Lili ddim gweld bai ar Lewis am fynd i siopa yn rhywle arall. Ni fu fawr ddim rhyw rhwng y ddau ers sawl blwyddyn, a phan ddigwyddai, byddai Lili'n gwneud am ei bod hi'n tosturio wrtho fo'n cael cyn lleied! Pa mor eironig oedd hynny? Pan fyddai Lili'n cytuno ac yn ildio i gael rhyw efo Lewis, byddai'r ddau ohonyn nhw fel arfer wedi bod yn yfed yn o hegar a byddai hithau'n rhoi perfformiad Bafta wrth iddi'n dawel fach lunio rhestr tasgau drannoeth yn ei meddwl.

Sychodd Lili'r gawod a gosod y tywel a'r dillad gwely yn y peiriant. Llongyfarchodd ei hun am gyflawni'r dasg honno'n llwyddiannus. Ychydig ddyddiau ynghynt roedd hi wedi dechrau rhoi'r dillad budr yn y rhewgell! Rhedodd Lili i fyny'r grisiau i wisgo ei hwyneb am y diwrnod ac i wisgo'r sgert a'r flows a osododd ar y gadair yn ei llofft y noson cynt. Doedd dim diben iddi hi wisgo siwmper. Byddai'r siwmper yn socian o chwys o fewn dim. Byddai'n trio rhedeg i fyny'r grisiau bob hyn a hyn gan feddwl y byddai un rhediad gwallgof yn helpu i golli'r stôn a hanner roedd hi angen eu colli. Roedd rhedeg i fyny'r grisiau yn help iddi hi hefyd beidio â chael digon o amser i anghofio pam ei bod hi wedi mynd i fyny'r grisiau yn y lle cyntaf! Ceisiodd beidio â meddwl am y bloneg newydd oedd wedi ymddangos o nunlle o gwmpas ei chanol.

Chwythodd y sychwr gwallt dros ei phen yn sydyn a gosod clip i gadw'r cudyn o'i llygaid. Rhoddodd ei hoff bâr o sgidiau Mary Jane coch am ei thraed, sgidiau a wnâi iddi deimlo'n fwy hyderus am ryw reswm rhyfedd. Tybiai Lili mai'r rheswm am hyn oedd bod y sodlau bychan Ciwban yn ei hannog i sefyll yn gefnsyth. Gallai glywed ei mam yn gwaredu ei bod yn mynnu gwisgo hen ddillad *vintage* fel pe bai hi wedi eu prynu nhw o ffair sborion. Y gwir oedd fod y rhan fwyaf o ddillad Lili wedi eu prynu o siopau elusen, nid am ei bod hi'n gybyddlyd, ond am na fu hi erioed yn gaeth i ffasiwn. Roedd yn well gan Lili gymysgu dillad o wahanol gyfnodau gan greu delwedd go unigryw iddi hi ei hun. Heddiw, roedd hi'n gwisgo sgert lliw hufen a gafodd mewn siop elusen yng Nghaer a blows a blodau melyn arni a gafodd ar ôl ei nain. Edrychodd arni hi ei hun a dod i'r casgliad ei bod, ar wahân i'r sgidiau coch a'i phloryn coch, yn edrych mor welw â'r lleuad. Estynnodd am sgarff sidan goch a'i chlymu'n fandana yn ei gwallt er mwyn ceisio llonni fymryn ar ei gwedd.

Edrychodd ar y cloc. 7.46. Roedd hi ar ei hôl hi. Dechreuodd ei chalon guro'n gynt. Pam na allai hi fod fel Owen, fyddai'n cyrraedd sesiynau'r Cylch Sgwennu'n hwyr bob tro? Doedd o ddim fel pe bai o'n poeni dim am fod yn hwyr. Beth pe bai hi'n trio llacio rhywfaint ar ei hamserlen? Neu beth pe bai hi'n anwybyddu ei hamserlen? Www! Radical 'ta be? I'r diawl â chwrteisi! Beth am roi hi ei hun yn gyntaf am un diwrnod? Beth am geisio byw'r pedair awr ar hugain nesaf yn ddigynllun? Eisteddodd Lili ar erchwyn ei gwely am ennyd i ystyried a oedd ei chynllun i beidio â chael cynllun yn un ymarferol. Fyddai hi'n gallu cyrraedd y sesiwn sgwennu ddau neu dri munud yn hwyr? Pam lai! Iawn. Llyncodd ei phoer. Roedd hi am drio bod yn hwyr heddiw. Byddai'n ymdrech aruthrol iddi hi. Gwnaeth reol iddi hi ei hun. Dim rhestr. Dim amserlen. Doedd y cloc ddim am fod yn feistr arni hi heddiw. Roedd hi'n mynd i gyrraedd y sesiwn sgwennu yn hwyr, doed a ddêl. Roedd hi'n benderfynol y byddai Owen yno o'i blaen hi am y tro cyntaf erioed!

Cododd o'r gwely ac aeth i'r gegin a chanfod ei hun yn reddfol yn taro edrychiad sydyn ar gloc y popty wrth iddi lenwi'r tecell. Roedd hi'n 7.49. Pedwar munud ar ôl yr amserlen. Gwych! Fe allai hi wneud hyn. Her newydd. Wrth glywed y dŵr yn araf ferwi, agorodd y pot bwyd pysgod a sgeintio mymryn o'r creision drewllyd i bowlen Mrs Dalloway oedd, fel hithau, wedi pesgi dipyn yn ddiweddar. Yn wahanol i Lili, oedd wedi symud i dŷ llai, byddai'n rhaid iddi ganfod powlen fwy i Mrs Dalloway cyn hir, rhag ofn iddi neidio allan ohoni mewn protest. Am ryw reswm, fel ymgais at hunanladdiad, arferai Mrs Dalloway, bron yn ddieithriad, neidio allan o'r bowlen pan fyddai Lewis, ar yr adegau prin hynny, yn ei bwydo. Tybed oedd Mrs Dalloway yn ceisio tynnu sylw Lili bryd hynny at y ffaith fod Lewis wedi bod yn cyboli ers rhai blynyddoedd? Tybed beth fyddai Mrs Dalloway yn ei ddweud am Lewis pe bai hi'n gallu siarad? Roedd ganddi hi deimlad mai geiriau go anweddus fydden nhw a rhoddodd hynny wên wan ar ei hwyneb.

Cofiodd am ei rhestr. Doedd hi ddim wedi dewis llyfr. Roedd Sue wedi mwynhau un o nofelau Llwyd Owen y tro diwethaf; beth am nofel gan ddynes nesaf? Cydiodd yn *Llyfr Glas Nebo*. Byddai'n ddiddorol cael ymateb Sue i honno. Dewis da. Rhoddodd Lili gyfrol Manon Steffan Ros yn ei basged.

Edrychodd Lili drwy'r ffenest a gweld yr awyr yn duo a'r glaw yn dechrau disgyn, yn smwc bach pitw, distaw i gychwyn cyn cynyddu'n gresendo o gawod drom, swnllyd. Dim dillad ar y lein heddiw felly, ond yn bwysicach na hynny, dim haul ar y fodrwy! Gwenodd Lili, gwyro at y bowlen a sibrwd,

'Mrs Dalloway! Mae 'na Dduw!'

Gallai dyngu fod Mrs Dalloway wedi taflu winc fach slei ati hi. Rhoddodd binsiad bach arall o fwyd iddi, camu dros y pentyrrau llyfrau ac arllwys paned o goffi iddi hi ei hun yn araf bach. *Digon o amser, Lili. Digon i'r diwrnod ei ddrwg ei hun.*

8.30 y.b.

Edrychodd Lili drwy ffenest y llofft. Tarodd olwg ar y cloc ar ben ei chist ddillad. Roedd hi'n amser gadael. Fe ddylai fod yn y car. Ond hei! Roedd hi am flasu'r profiad o fod yn hwyr. Byddai'n rhaid iddi drio peidio troi at y cloc mor aml. Doedd o ddim am fod yn hawdd iddi hi. Roedd hi'n ysu am gythru at y car, ond gorfododd ei hun i wisgo ei siaced yn hamddenol. Caeodd bob botwm yn ara deg. Wrth i Lili gau'r botwm olaf, sylwodd ar freuder ei hewinedd: symptom arall o'r diawl menopos. Gorfododd ei hun hefyd i aros tan y byddai'r bys eiliadau wedi cwblhau un cylch cyfan. Dim ond munud oedd yn rhaid iddi hi ddisgwyl.

Trodd ei meddwl yn ôl at sesiwn y Cylch Sgwennu fis ynghynt. Roedd hi wedi bod ar fin gwneud ei chyffes am ei diffygion fel tiwtor sgwennu creadigol i'r aelodau, pan gyrhaeddodd Owen, yn hwyr fel arfer, gofyn cwestiwn a throi sesiwn ddi-liw yn enfys o seiat ddifyr. Wnaeth o ddim ymddiheuro am fod yn hwyr, dim ond gofyn, ar draws pob dim, beth oedd y man cychwyn i ddechrau sgwennu, i gymeriadu. Phetrusodd hi ddim cyn ei ateb gan ddweud ei bod hi'n grediniol fod pob awdur, yn ddiarwybod iddo fo neu hi'i hun, yn cychwyn pob taith greadigol gyda'r cwestiwn: 'Beth petai...?'

Agorodd sylw Lili lifddorau a daeth ffrydiau o ymateb gan yr aelodau eraill. Galluogodd hynny Lili i barhau â'r *charade* tila o fod yn diwtor sgwennu cymwys. Byddai diffyg cwrteisi Owen wrth darfu ar bob sesiwn drwy gyrraedd o leiaf chwarter awr yn hwyr wedi ei chorddi hi fel arfer, ond nid y tro hwnnw. Bu'n fath o achubiaeth. Gofynnodd Lili i'r aelodau feddwl am gwestiwn posib ar gyfer cymeriadau eu straeon. Diolch i'r drefn, llenwodd y cyfraniadau hynny ran helaeth o'r sesiwn a chafwyd tipyn o hwyl yn trafod rhai o'r cwestiynau damcaniaethol. Roedd hyd yn oed Lili wedi lled-fwynhau'r sesiwn. Roedd rhai o'r awgrymiadau'n eithaf rhagweladwy ac yn ddadlennol iawn amdanyn nhw fel aelodau.

Aeth Stan y Sosialydd wrth gwrs ar drywydd gwleidyddol, gan ofyn,

Beth petai 'na haint angheuol yn taro San Steffan?

Cafwyd awgrym diddorol gan Sheila a fyddai'n ysgrifennu pob dim o safbwynt rhyw anifail neu'i gilydd:

Beth petaet ti'n gallu ffeirio lle efo dy anifail anwes?

Roedd Sheila wedi gorfod cael codi ei bron flwyddyn ynghynt, ac roedd hi'n mynnu mai'r hyn a gariodd hi drwy'r profiad oedd ei chathod ac aelodau'r Cylch Sgwennu.

Roedd Max, codwr helynt y dosbarth, yn awyddus i ofyn,

Beth petaet ti'n ateb 'na' i bob cwestiwn?

Sylw smala Catherine, ei wraig, oedd mai 'na' oedd ateb Max y *misogynist* i'r rhan fwyaf o bethau ar wahân i'r cwestiwn, 'Wyt ti'n meddwl fod angen crogi pob ffeminist?'

Chafodd Catherine druan, oedd yn llawer rhy brysur yn stwffio'i cheg â bisgedi, ddim cyfle i gynnig awgrym.

Torrwyd ar ei thraws gan Paul Clement a thalfyriad ei enw yn gweddu iddo – ac eithrio rhoi cyfle i fenywod gyfrannu at y drafodaeth. Cwestiwn PC, a weithiai i Gyfoeth Naturiol Cymru, oedd:

Beth petaet ti'n goeden? Beth fasat ti'n ei ddweud wrth bobl fyddai'n dy basio?

Ac wedyn dyna Rupert/Rosie – doedd dim dal pa un oedd o/hi o un mis i'r llall. Fis diwethaf, Rupert oedd o, ac wrth gwrs ei gwestiwn o oedd:

Beth petaet ti'n ddynes mewn corff dyn?

Wnaeth Alwyn druan, yn ôl ei arfer, ddim dweud gair o'i ben. Dim ond gwingo yn ei siwt a sythu ei dei.

Daeth sylw difyr gan Marian a ofynnodd,

Beth petaet ti'n gallu gwylio ffilm am dy fywyd hyd yma? Beth fyddet ti'n ei newid?

Bu Lili'n pendroni am sylw Marian am ddyddiau wedyn. Gwyddai mai'r un peth fyddai hi'n ei newid fyddai ei chamgymeriad o fod wedi cyd-fyw efo Lewis am yr holl flynyddoedd. Do, bu'r blynyddoedd cyntaf yn ddigon dedwydd, ond llithro i'r arfer o gyd-fyw wnaethon nhw yn hytrach na'i wneud am unrhyw resymau cariadus. Beth fyddai wedi digwydd iddi petai hi 'rioed wedi ei gyfarfod? Fyddai hi wedi canfod dedwyddwch? Oedd unrhyw bâr (priod neu beidio) yn canfod gwir hapusrwydd? Fyddai hi yn y trobwll isel presennol petai cwrs ei bywyd personol wedi bod yn wahanol? Fyddai hi'n byw mewn tŷ bach dinod efo dim ond Mrs Dalloway yn gwmni iddi? Fyddai hi'n dal i orfod arwain gweithdai sgwennu i gynyddu ei hincwm bach pitw?

Sylw difyrraf y dosbarth, fel arfer, yn anffodus, oedd yr un gan Owen:

Beth petaet ti'n gallu darllen meddyliau pobl eraill?

Hmm! Diolchai Lili'n ddistaw bach na allai Owen ddarllen ei meddwl hi. Roedd yna adegau pan oedd hi eisiau ei grogi. Roedd yna rywbeth yn haerllug amdano. Un o'i brif feiau oedd ei fod yn hwyr i bob sesiwn. Tybiai Lili ei fod yn hwyr i bob man. Roedd yna rai pobl felly; pobl nad oedd amser yn golygu dim iddyn nhw. Diffyg cwrteisi. Dyna beth oedd o. Hunanoldeb. Pam na allai pobl fel Owen weld mai un ar ddeg o'r gloch ydi un ar ddeg o'r gloch? Nid pum munud wedi un ar ddeg, nid deng munud wedi un ar ddeg, ac yn sicr nid chwarter wedi un ar ddeg! Wyddai Lili ddim pam ei fod yn trafferthu dod i'r sesiynau. Wrth drafod cymhellion cymeriadau mewn un sesiwn, mentrodd ofyn i Owen pam ei fod wedi ymaelodi â'r Cylch Sgwennu. Doedd Lili erioed wedi gweld darn o waith ganddo yn y cyfnodau rhwng y sesiynau. Roedd ei ateb yn syml. Eisiau sgwennu oedd o. Roedd o'n gweld sgwennu fel ffordd o ddianc o'i swydd ddiflas yn yr asiantaeth dai.

Wyddai Lili fawr ddim am fywyd personol Owen. Cofiai iddi ofyn i'r aelodau yn y sesiwn gyntaf un gyflwyno'u hunain, gan nodi un ffaith ac un celwydd amdanyn nhw'u hunain. Roedd ateb Owen yn un diddorol. Nododd ei fod yn byw gyda dynes o'r enw Mercedes a'i fod yn gyrru car Mercedes. Pa un oedd yn ffaith a pha un oedd yn gelwydd, tybed? Credai Lili fod Owen yn dipyn o geiliog oedd ar delerau go dda efo fo'i hun ac o edrych arno a'i ddillad ffasiynol, tybiai Lili mai gyrru car Mercedes oedd y gwirionedd ac mai byw efo dynes o'r enw Mercedes oedd y celwydd. Er syndod iddi (a siom petai hi'n bod yn onest efo hi ei hun), datgelwyd mai byw efo dynes o'r enw Mercedes yr oedd o. Mercedes! Am enw! Doedd gan rai pobl ddim chwaeth o gwbl.

Meddyliodd Lili am Alwyn druan, fyddai'n dod yn ddiffael i bob un o'r sesiynau heb sgwennu gair na chyfrannu'r nesaf peth i ddim, ar wahân i ebychu 'Syniad da!' bob hyn a hyn. Roedd o wastad yn drwsiadus yn ei siwt. Roedd Paul wedi dweud wrthi hi fod Alwyn wedi bod yn Bennaeth Adran Saesneg mewn ysgol uwchradd rai blynyddoedd ynghynt. Roedd yr ysgol honno wedi dechrau ffaelu yn y tablau a chafodd Alwyn ryw fath o chwalfa nerfol. Gwrthododd yn lân â mynd yn ôl i ddysgu. Roedd hynny rai blynyddoedd yn ôl bellach, ond tybiai Paul fod Alwyn yn parhau i ddioddef. Diolchodd Lili i Paul am ei hysbysu o gyflwr meddwl bregus Alwyn. Gwyddai felly i beidio â rhoi dim pwysau ar Alwyn i sgwennu na chyfrannu i'r sesiynau os nad oedd o eisiau. Beth oedd ei gymhelliad o dros ddod i'r sesiynau, tybed? Roedd Lili'n amau'n gryf mai dod yno am y gwmnïaeth fyddai Alwyn; dod yno i osgoi unigrwydd. Efallai fod yna elfen o hynny yng nghymhelliad y rhan fwyaf ohonynt, gan gynnwys Lili ei hun. Roedd y criw, er mor wahanol oedden nhw i'w gilydd, wedi datblygu'n gymuned fach ddigon dymunol ac roedd Lili'n ddistaw bach yn hoff iawn ohonyn nhw i gyd. Dyna pam roedd hi'n cywilyddio na allai hi fod yn diwtor mwy ysbrydoledig iddyn nhw.

Roedd y glaw wedi peidio. Dim sôn am neb ar ffordd fach Penlôn. O'r diwedd newidiodd y cloc ei amser i 8.31. Roedd munud yn gallu teimlo fel tragwyddoldeb. Manteisiodd Lili ar ddiffyg bywyd y ffordd fach i sleifio allan i'r ffordd fawr. Dyma ei chyfle. Aeth i lawr y grisiau, cydio yn ei basged ac estyn am oriadau'r car gan weddïo y byddai'r car yn bihafio heddiw. Roedd Morus Garej Y Foel wedi dweud wrthi chydig wythnosau'n ôl na fyddai'r Escort yn debygol o basio ei MOT y tro nesaf. Roedd hi'n wyrth fod hen gar ei thad yn dal i fynd. Roedd Lili wedi sylwi'n ddiweddar fod y car fymryn yn oriog. Un munud byddai'n gyrru fel wennol a thro arall fel rhyw gangarŵ emffysemig yn tuchan a sboncio'i ffordd ar hyd y lonydd. Oedd, roedd hi eisiau bod fymryn yn hwyr, ond doedd hi ddim eisiau i'r car farw ar ochr lôn chwaith.

O gychwyn rŵan, a phe byddai'r ffordd yn gymharol ddidraffig, a phe byddai'r car yn bihafio, byddai ganddi ddwy awr dda cyn y sesiwn i wneud dipyn bach o siopa. Efallai y câi gyfle am fwy nag un baned yng nghaffi'r siop lyfrau a mentro i'r sesiwn sgwennu'n hwyr. Byddai'n gallu gweld y mynychwyr yn cyrraedd o ffenest y caffi. Fe arhosai tan fod Owen yn mynd i mewn i'r ystafell gymunedol ac wedyn fe fyddai hi'n ymuno â nhw. Cofiodd yn sydyn am y cerdyn pwyntiau a'i chwpan coffi fyddai'n rhoi gostyngiad iddi hi yng nghaffi Delyth. Estynnodd y cerdyn a'r cwpan o'r bwrdd bach yn y cyntedd a'u cario yn ei llaw.

A hithau ar fin mynd drwy ddrws y tŷ, canodd y ffôn. Crapidicrap! Roedd hi ar fin ei anwybyddu, ond fe'i trawodd y gallai mai Paul, cadeirydd y Cylch Sgwennu, oedd yno'n ffonio i ddweud fod y sesiwn wedi ei gohirio am fis. A hyd yn oed os nad Paul oedd ar ochr arall y lein, byddai ateb y ffôn hefyd yn ei helpu hi yn ei hymgyrch i fod yn hwyr. Atebodd y ffôn a chlywed llais dieithr yn dweud,

'Miss Lili Daniels?' Difarodd Lili iddi ateb y ffon. 'This is Gary, from Computer Tech. Would you be interested in...?'

Strategaeth Lili fel arfer wrth ddelio efo galwadau ffôn o'r fath fyddai parhau â'r sgwrs yn y Gymraeg hyd nes y byddai'r sawl fyddai wedi ffonio'n rhoi'r gorau iddi ac yn diffodd y ffôn. Ond roedd ganddi awydd ceisio strategaeth wahanol y bore hwnnw, ac felly cyn i Gary druan gael cyfle i fynd ddim pellach atebodd Lili o drwy sibrwd,

'I've done it. There's blood everywhere...' Gosododd y ffôn yn ei grud ac agor y drws yn gwenu fel giât. Pylodd ei gwên yn sydyn iawn. Pwy oedd yno'n sefyll fel aderyn drycin ond Idwal yr Idiot yn chwifio papur yn ei law.

'Lili, dwi'n poeni fy enaid am y Bysen Saethwr.' Edrychodd hi arno'n syn. Am beth oedd hwn yn mwydro rŵan? Gwelodd Idwal nad oedd ganddi'r syniad lleiaf am beth roedd o'n sôn.

'Y Fallopia Japonica...' meddai wedyn gan siarad yn uniongyrchol efo'i thrwyn. Mae'n amlwg i'r Feswfiws ei luchio yng nghanol ei druth. Cysgododd Lili ei thrwyn efo'i llaw a pharhaodd Idwal i baldaruo gan edrych i'w llygaid rŵan yn hytrach na'i thrwyn. Ond doedd Lili ddim callach.

'Mae ganddyn nhw rwydwaith tanddaearol anferthol...' ychwanegodd wedyn. 'Mi wnawn nhw ddifetha ein gerddi ni, disodli ein tai ni. Fydd 'na ddim y gallwn ni ei wneud. Mi fydd hi ar ben arnon ni...'

Stwffiodd Idwal yr Idiot ddarn o bapur i law Lili a gwelodd hithau mai sôn am Japanese Knotweed yr oedd o. Brenin! Roedd eisiau gras. Dywedodd Lili gelwydd golau, mor gwrtais ag y gallai dan yr amgylchiadau – ei bod hi ar frys, ei bod hi'n hwyr ac y byddai'n darllen y ddogfen yn ofalus ar ôl dod adre. Doedd Idwal yr Idiot ddim yn hapus iawn o weld nad oedd hi'n cymryd ei ymgyrch ddiweddaraf o ddifrif, a chlywodd Lili ddim beth bynnag roedd o'n ei fwmial dan ei wynt wrth iddi ochrgamu ei ffordd i lawr y llwybr gan smalio ei bod hi ar ffrwst. Suddodd ei chalon wrth weld Wilma'n stelcian yn ei choban binc, yn rhosyn gwyllt rhwng y llwyn a'r giât. Doedd Lili ddim awydd chwarae gêm y mochyn bach blin yn y canol efo Idwal yr Idiot y tu ôl iddi a Wilma'r Witsh o'i blaen. Doedd dim dihangfa.

'Llosgi 'ta'r pridd, Lili? Llosgi 'ta'r pridd?' gwaeddai Wilma gan godi ei breichiau i'r awyr fel hen bregethwr. Doedd gan Lili ddim owns o amynedd efo hyn bore 'ma. Bu bron iddi ofyn i Wilma pa un roedd hi'n ei ffafrio, gan y gallai drefnu'r naill neu'r llall iddi'r diwrnod hwnnw 'tae hi eisiau. Cyn iddi gael cyfle i agor ei cheg, dyma Idwal yn herio Wilma,

'Mi fyddwn ni i gyd yn trefnu'n hangladda, Wilma, os na wnawn ni rwbath am y Japanese Knotweed 'ma'n o handi!' Trodd Lili ato a dweud nad oedd hi wedi gweld dim arwydd o'r pla.

'Na, ddim eto, Lili. Ond fe ddaw os na fyddwn ni'n ofalus. Mae isio morol.' Morol o ddiawl. I beth oedd eisiau mynd o flaen gofid a hithau â digon o ofidiau beth bynnag? Oedd gan Idwal ddim pethau gwell i'w gwneud? Mynd ar goll ar ben mynydd? Mynd ar daith blwyddyn o gwmpas y byd? Llyncu arsenig? Byddai'n well gan Lili orwedd yn noeth mewn cae o ddanadl poethion y munud hwnnw na gorfod gwrando ar y penbwl. Ffrwynodd Lili ei thafod gwenwynig, esgusodi ei hun a gwthio'i ffordd at ei char gyda Wilma'n ei dilyn –

'Llosgi 'ta'r pridd? Llosgi 'ta'r pridd?' ac Idwal yr Idiot yn galw ar ei hôl,

'Gwyliwch y *chippings*, Lili! Ara deg wrth droi'r car!'

Caeodd Lili ddrws ei char yn glep, taflu cerdyn pwyntiau a chwpan coffi caffi Delyth ar y sedd a refio'r car yn swnllyd. Haleliwia! Cychwynnodd y car ar y cais cyntaf gan dasgu'r gro yn genllysg blêr dros bob man. Byddai'n rhaid i Idwal a Vera gael Wilma'n ôl adre'n saff. Roedd y gofalwyr yn hwyr bore 'ma eto. Roedden nhw i fod yn nhŷ Wilma am hanner awr wedi wyth bob bore. Ond byddai'n nes at naw arnyn nhw'n cyrraedd bob tro. Pam na allai neb gyrraedd apwyntiadau'n brydlon? Gwelai Lili, drwy ddrych y car, Idwal â chroen ei din ar ei dalcen yn codi ei ddyrnau arni gan weiddi'n groch wrth weld ei *chippings* gwerthfawr yn chwalu. Roedd Wilma'n parhau i hefru hefyd. Doedd ryfedd iddi gael y tŷ mor rhad a chymdogion mor orffwyll bob ochr iddi hi.

Daeth i ben Penlôn ac anelu'r car bach ffyddlon am y lôn bost. Roedd criw Carnifal y Gwanwyn wrthi'n blygeiniol yn gosod y baneri coch, gwyrdd a gwyn ar lampau stryd y pentref yn barod ar gyfer dathliadau'r carnifal oedd i'w gynnal ymhen mis. Er i Lili ganu corn arnyn nhw i ddangos ei gwerthfawrogiad o waith y gwirfoddolwyr, doedd ganddi ddim bwriad mynychu'r carnifal. Doedd hi ddim mewn hwyliau ar gyfer unrhyw fath o ddathliadau; yn wir, roedd symptomau'r menopos wedi ei throi hi'n berson ynysig nad oedd yn dymuno fawr mwy na'i chwmni trist ei hun. Fasa waeth iddi hi encilio a byw mewn cwfaint ddim! Roedd hi wedi bod at y meddyg ychydig wythnosau ynghynt i ofyn am gyngor am HRT. Ond roedd hwnnw wedi wfftio'r peth ac awgrymu i Lili ddechrau cymryd tabledi gwrthiselder. A dyna pryd y gwaeddodd Lili ar ei doctor, drwy ei dagrau, 'DWI DDIM

YN BLWMING DIPRESD! MENOPOS YDI O!' Gadawodd y syrjyri heb ddatrys dim ar ei chyflwr.

Ceisiodd Lili ysgwyd ei hun o'i meddyliau negyddol, ond doedd gorfod dilyn y falwen lorri ddiawl ddim yn help i godi ei hwyliau. Byddai dilyn hers wedi bod yn gynt na hyn. Oedd, roedd hi eisiau bod yn hwyr i sesiwn y Cylch Sgwennu, ond roedd hi hefyd eisiau digon o amser o flaen llaw i wneud mymryn o siopa, cael sgwrs fach efo Sue ac wedyn rhoi'r byd yn ei le efo Delyth, os na fyddai hi'n rhy brysur yn y caffi. Gallai Delyth a hi rannu nodiadau ar eu symptomau a'u hymarferion Kegel! Rhoddodd hynny wên wan ar ei hwyneb. Arnold Kegel! Dyna foi oedd hwnnw a'i anogaeth i ymarfer llawr y pelfis. Ac ar hynny, dechreuodd Lili ei hymarferiadau a chanfod yr un pryd ei bod hi'n anadlu'n rhwyddach.

O'r diwedd cyrhaeddodd Lili'r gyffordd, cefnu ar baratoadau pwyllgor y carnifal a throi trwyn y car i gyfeiriad yr arfordir. Wrth basio cartref nyrsio Gwynfa ar gyrion y pentref, pwysodd fotwm y radio a chlywed y cyflwynydd yn agor ei raglen drwy ddarllen un o nifer o gyfarchion i'r pâr priod hapus:

'Pob dymuniad da i Lewis a Karen ar eu priodas heddiw...' Rhoddodd Lili'r gorau i'w hymarferiadau'n ddisymwth. Diffoddodd y radio gan regi dan ei gwynt cyn i Geraint Lövgreen gael cyfle i ddechrau canu 'Nid llwynog oedd yr haul'.

9.03 y.b.

Cyrhaeddodd Lili Dre-fach, edrych ar gloc y car a gweld nad oedd y lorri na hyd yn oed Idwal a Wilma wedi gohirio fawr ddim ar ei thaith hi. Os rhywbeth, roedd hi wedi cyrraedd yn gyflymach nag erioed o'r blaen! Oedd amser yn chwarae triciau arni hi? Cyfeiriodd ei char at Asda i gael petrol. Na – disel! Doedd hi ddim am wneud y camgymeriad drud hwnnw eto! 'Disel, disel, disel,' mwmialodd fel mantra gwallgof.

Roedd cwsmer o'i blaen hi wedi mynd i'w Passat gan adael ei daleb yn hofran o gwmpas y pwmp petrol. Cododd Lili'r daleb a cheisio tynnu sylw'r gyrrwr wrth iddo adael. Ond wnaeth o ddim ei gweld. Efallai petai hi wedi bod yn hogan ifanc siapus y byddai o wedi ei gweld hi'n iawn. Efallai fod pwysau'r byd ar ei ysgwyddau. Edrychodd Lili ar y daleb. £45 Diesel; £2 Kleenex; 95p Glacier mints. Rhaid bod gan y creadur annwyd. Neu efallai ei fod wedi llenwi ei gar â disel er mwyn mynd draw i'r ysbyty i ymweld â chlaf, efallai ei wraig, neu ei dad, gan fynd â Kleenex a mints iddi, neu iddo, yn anrheg. Roedd Lili ar fin rhoi'r daleb yn y bin sbwriel, ond daeth egin syniad i'w phen. Plygodd y daleb yn ofalus a'i rhoi ym mhoced ei siaced.

Roedd hi wedi dechrau bwrw glaw go iawn eto a phenderfynodd Lili bicio o'r orsaf betrol draw at yr archfarchnad i weld oedden nhw'n gwerthu ambaréls rhad. Doedd dim pwynt iddi brynu ambarél ddrud, dim mwy nag oedd diben iddi brynu sbectol haul ddrud. Roedd Lili'n ddihareb am golli'r ddau. Anwybyddodd y llwyth trolis yng ngheg mynedfa'r siop. Dim ond ambarél roedd hi ei hangen, a phe bai hi'n gwthio troli fe fyddai'n siŵr o'i lenwi â phob math o drugareddau diangen. Aeth i mewn i'r siop ac er syndod iddi gwelodd bentwr o ambaréls bach lliwgar rhad yn ei hwynebu yn y fynedfa. Cydiodd yn yr un agosaf ac wrth iddi fynd draw at y til, gwelodd fasged o DVDs ar sêl. Ar ben y cyfan roedd DVD *Wimbledon. The 2008 Men's Final*. Cofiodd Lili i'r gêm yma bara oriau ac i'r glaw darfu ar y gêm sawl gwaith. Ond doedd hi ddim yn cofio pwy enillodd. Ai Federer ynte Nadal?

I Lili, Federer oedd y dyn delfrydol; yn ŵr bonheddig, yn ddyngarol, yn amlwg yn gariadus a gofalus o'i wraig, ac yn noddi oriawr Rolex. Fyddai Federer fyth yn hwyr i unlle. Y cymar perffaith! Deuai Federer o'r Swistir, gwlad y clociau a'r oriawr. Ie, fe gâi Lili'r pleser o wylio Federer drwy'r pnawn. Roedd hon yn gêm hanesyddol. Dyma'r tro olaf i'r glaw darfu ar ffeinal yn Wimbledon gan i'r to gael ei adeiladu yn dilyn y gêm honno. Ie, dyna wnâi hi'r pnawn hwnnw: dychwelyd i'r flwyddyn 2008, cau'r cyrtens ar y byd, a smalio ei bod hi yn Wimbledon. Smalio mai hi oedd Mirka Federer, heb yr efeilliaid! Roedd clawr y DVD yn nodi 'Running time approx. 5 hours'. Wfftiodd Lili at y gair 'approx'. Pam na ellid nodi union hyd y DVD? Ta waeth, roedd yn ddigon maith i basio pnawn a chyda'r nos gwlyb, diflas, anodd.

Wrth nesu at y tils, gwelodd silff ac arni focsys o ffaniau bach y gellid eu gosod i sefyll. Ffan! Pam na feddyliodd hi am hynny ynghynt? Byddai hynny'n siŵr o'i helpu rhag gorboethi yn y nos. Tra oedd Lili'n ciwio ger y tils, gwelodd fod yna dalebau ar lawr a phlygodd i'w rhoi yn ei phoced. Roedd y syniad wedi dechrau tyfu. Talodd am yr ambarél, y DVD a'r ffan a mynd allan at y biniau sbwriel o gwmpas y fynedfa. Cododd yr ambarél i'w gwarchod rhag y glaw, a gosod ei basged wiail ar lawr. Dechreuodd dwrio yn y biniau. Roedd talebau di-ri naill ai yn y biniau neu ar lawr o'u cwmpas. A hithau â'i thrwyn fel swch mewn cafn, clywodd lais lled gyfarwydd.

'Lili! Be ti'n wneud? Ydi hi'n fain arnat ti?' Cododd Lili ei phen o'r bin sbwriel yn gafael yn dynn mewn hen dalebau, gan ddod wyneb yn wyneb ag Owen. Y fath gywilydd! Teimlai fe petai ei horganau mewnol yn troi'n hylif. Trodd ei hwyneb yn lliw tomato aeddfed. Sut oedd dechrau egluro pam ei bod hi'n twrio mewn bin sbwriel yn nhwll y glaw? Edrychai Owen arni hi gyda chymysgedd o benbleth a difyrrwch. Â'i hwyneb ar dân, mwmialodd Lili rywbeth am waith ymchwil ar gyfer y sesiwn sgwennu creadigol.

'Fydda i ddim yno heddiw,' meddai Owen yn ymddiheurgar gan gyfeirio at ei siwt grand fel eglurhad. Crychodd Lili ei thalcen, ddim cweit yn dallt at beth roedd o'n cyfeirio.

'Mae gen i briodas i fynd iddi.'

'Priodas pwy?' gofynnodd Lili'n syn. Doedd bosib ei fod yn adnabod Lewis.

'Fy chwaer fach,' atebodd gan ychwanegu, 'Mae hi'n priodi rhyw dwat sydd ddigon hen i fod yn dad iddi hi.'

'Karen?'

'Ia. Wyt ti'n nabod hi?' gofynnodd Owen.

'Na. Ond dwi'n nabod y twat. Ges i'r anffawd o fyw efo fo am ugain mlynedd.'

'Lewis oedd dy ŵr di?'

'Doedden ni ddim wedi priodi.'

'Call iawn. Dwi'n cymryd nad wyt ti wedi cael gwahoddiad i'r briodas?'

'Ha!' chwarddodd Lili, braidd yn rhy ymosodol.

'Mi fasa'n lot gwell gen i ddod i'r Cylch Sgwennu...'

Roedd yn gas gan Lili feddwl fod Owen yn ei phitïo hi. Ac ar ben popeth roedd hi'n ymwybodol ei fod o'n rhythu ar ei phloryn hi. Er mwyn llenwi bwlch y distawrwydd gofynnodd, gan geisio cuddio'r ploryn gyda chefn ei llaw ynghyd â cheisio cuddio'r dicter yn ei llais,

'Ydi Mercedes ddim yn mynd efo ti?'

'Ydi, siŵr. Mae 'na hogan gneud gwalltiau efo hi rŵan.'

Roedd Lili'n meddwl ei bod hi braidd yn hwyr i fod yn gwneud gwallt rŵan a dyma ofyn,

'Faint o'r gloch mae'r briodas?'

'Mewn chydig dros awr,' atebodd Owen. Doedd gan hwn ddim syniad am amser. A doedd hi ddim yn swnio fel tasa Mercedes fawr gwell os mai rŵan roedd honno'n cael gwneud ei gwallt.

'*Fashionably late*, ia?'

Edrychodd Owen arni hi'n hanner gwenu a hanner crychu ei dalcen. Mae'n amlwg nad oedd o wedi dallt yr ergyd. Efallai nad oedd o'n dallt ei fod o, fel cynffon buwch, wastad yn hwyr i bob man. Oedd y fath beth yn bosib, tybed? Ceisiodd Lili roi un awgrym bach arall yn help iddo.

'Y briodferch sydd fel arfer yn hwyr, Owen.'

'Faswn i ddim yn gwbod.'

'Na finna chwaith.'

'Always the bridesmaid...?'

'Dwi rioed wedi bod yn forwyn briodas chwaith.'

'Na finna.'

Chwarddodd y ddau. Rhyw chwerthiniad ffals. Ac yna distawrwydd lletchwith iawn. Torrodd y ddau ar draws ei gilydd:

'Ti'n mynd i fod yn hwyr,' meddai Owen, a Lili'n rhoi chwerthiniad bach plentynnaidd eto.

'Dwi isio bod yn hwyr, os galla i,' atebodd Lili. Tro Owen oedd hi i edrych arni'n ddiddeall. Doedd dim diben ceisio egluro. Sut oedd egluro i rywun oedd wastad yn hwyr pa mor gythreulig o anodd oedd hi iddi beidio cyrraedd unrhyw apwyntiad yn wirion o brydlon? Gwelodd Owen yn edrych ar ei oriawr. Beth yn enw rheswm oedd y diben iddo ei gwisgo hi, meddyliodd. Torrodd ei lais ar draws ei myfyrdodau.

'Ydi fama'n gwerthu conffeti, dwa? Yli, well i mi'i throi hi.'

'Ia. Neu fyddi di'n hwyr!'

'Ta-ta, Mary Poppins!' meddai Owen yn gwenu'n rhyfedd arni hi. Wnaeth Lili ddim mentro ffalsio chwerthiniad y tro hwn, dim ond cythru at ei char gyda phentwr o hen dalebau o'r bin sbwriel yn bochio'n flêr o boced ei siaced. Oedd rhaid bod cweit mor smyg? Roedd ei phen hi'n berwi o gwestiynau. Pam wnaeth o'i galw hi'n Mary Poppins? Pwy fyddai wedi dychmygu y byddai

Owen yn mynd i briodas Lewis ac mai Karen y Carer oedd ei chwaer? Tybed oedd Karen y Carer yn dioddef o anhwylder bod yn hwyr fel ei brawd? Ai dyna oedd wedi denu Lewis at Karen ac yntau wedi hen syrffedu ar gydfyw efo dynes oedd yn cyrraedd pob man mor affwysol boenus figitlyd o gynnar? Roedd yr holl gwestiynau a'r amheuon yn ei drysu hi'n lân. Edrychodd ar ei horiawr. Roedd ganddi siawns go lew o fod yn hwyr i'r sesiwn heddiw. Ond roedd 'na hwyr a hwyr. Doedd dim rhaid mynd dros ben llestri a beth bynnag, doedd Owen ddim yn mynd i fod yno.

Synhwyrodd Lili fod rhywbeth o'i le gan fod pawb oedd yn ei phasio ar ei ffordd i'w char yn gwenu'n ddwl arni hi. Wrth gyrraedd y car, gwelodd ei hadlewyrchiad yn y ffenest. Roedd hi wedi prynu ambarél i blant! Roedd yr ambarél yn un bitw bach a hithau odani'n edrych fel cawr o dan fadarchen. Yn sicr, doedd hi ddim yn edrych fel brenhines wrth geisio mochel odani. Nid dim ond y ploryn mawr oedd yn tynnu sylw anffafriol tuag ati hi felly. Doedd ryfedd i Owen edrych arni fel pe bai cyrn yn tyfu allan o'i phen hi.

Wrth gyrraedd y car, cofiodd iddi adael ei basged wiail ger y bins. Rhegodd dan ei gwynt. Roedd y DVD a'r ffan yn y fasged! Rhedodd yn ôl at fynedfa'r siop. Roedd dyn seciwriti'r siop wrthi'n edrych yn ei basged. Cythrodd Lili ato gan weiddi,

'Un fi ydi hwnna! Mae fy ffan i ynddo fo! Ydi fy ffan i dal ynddo fo?' Edrychodd y dyn seciwriti arni hi mewn braw, gollwng y fasged a cherdded am yn ôl at y fynedfa, wedi dychryn am ei hoedl. Pwy oedd wedi dod allan o'r siop yn cydio mewn bocs o gonffeti, ac yn dyst i'r cyfan, ond Owen yn gwenu fel giât. Heglodd Lili yn ôl am ei char yn laddar o chwys.

Gyrrodd i ganol Dre-fach a weipars y car yn gwichian yn anfoddog wrth wneud joban sâl iawn o glirio'r glaw oddi ar y ffenest, gan wneud i Lili ddechrau meddwl ei bod hi'n gweld dwbwl. Rhywsut neu'i gilydd llwyddodd i ganfod lle i barcio gyferbyn â'r ystafell gymunedol. Perffaith. O'r diwedd, roedd hi'n cael mymryn o lwc.

Gadawodd yr ambarél yn y car a chroesi'r lôn a cheisio craffu i weld oedd Sue yn ei lle arferol. Roedd y sach gysgu yno, yng ngheg drws y siop flodau oedd wedi cau ers rhai misoedd; ond doedd dim sôn am Sue, tan i Lili nesáu a gweld ei bod hi o dan y sach ac yn cysgu'n sownd. Cywilyddiodd Lili'n ddistaw bach iddi hi gwyno ac ochneidio gymaint ers ben bore. Menopos neu beidio, roedd ei byd hi dipyn gwell nag un Sue druan oedd wedi bod yn ddigartref ers bron i flwyddyn.

Cofiai Lili dynnu sgwrs efo hi'r tro cyntaf y gwelodd hi yno'n holi, 'Any spare change, please?' Gwyddai Lili'n syth, o'i hacen wledig, fod hon yn siarad Cymraeg a dechreuodd dynnu sgwrs efo hi. Beth oedd wedi dod i'w rhan iddi fod yn ddigartref? Eglurodd Sue iddi fod mewn perthynas stormus efo dyn a chanddo broblem gamblo. Roedd hithau wedi colli ei swydd yn y ffatri ddillad gan i'r ffatri fynd i ddwylo'r derbynwyr. Doedd ganddi ddim arian wrth gefn ac roedd hi'n methu talu'r rhent. Cafodd ei phartner ei garcharu am ddwyn pres o dŷ cymydog ac fe'i taflwyd hi allan gan ei landlord. Doedd yr ychydig deulu oedd ganddi ddim eisiau gwybod.

Roedd hi'n anodd dyfalu beth oedd oed Sue ond tybiai

Lili ei bod hi tua deg ar hugain oed, er ei bod hi'n edrych dipyn hŷn na hynny. Holodd Sue hi beth oedd ei gwaith hi ac eglurodd Lili ei bod hi'n awdur. Goleuodd llygaid Sue. Ei phrif ddiléit hi oedd darllen. Yn digwydd bod, roedd gan Lili un o nofelau Ioan Kidd yn ei bag y diwrnod hwnnw a chynigiodd ei rhoi iddi hi. Gellid yn hawdd gredu fod Lili wedi rhoi ffortiwn iddi hi wrth i Sue daflu ei gwên hyfryd ati. Yn wir, roedd Sue fel petai hi ar fin crio cymaint oedd ei gwerthfawrogiad. A dyna sut y dechreuodd yr arferiad o ddod â llyfr yn anrheg iddi, unwaith y mis pan ddeuai Lili i Dre-fach ar gyfer y sesiynau sgwennu. Ond heddiw doedd dim sgwrs. Gosododd Lili *Lyfr Glas Nebo*'n ofalus wrth ochr y sach gysgu a mynd i mewn i Marks. Efallai y câi sgwrs fach efo hi ar y ffordd allan o'r siop a gweld yr un pryd oedd hi angen diod poeth.

Cerddodd Lili i mewn i Marks a diawlio'n ddistaw bach nad oedd ganddi bunt i'w bwydo yng ngwefus fach slei y troli. Byddai'n rhaid ciwio wrth y til heb ddim byd i dalu amdano. Ar ôl gwastraffu chwe munud a hanner yn sefyll yn stond, a sŵn blîp blîp sganio'r cynnyrch wedi dechrau mynd yn dân ar ei chroen hi, cyrhaeddodd Lili'r ferch gwallt pinc ben draw'r til a gofyn am gael cyfnewid ei phapur pumpunt am bum darn o arian. O na! Doedd y ferch gwallt pinc ddim yn gallu gwneud hynny. Doedd gan y ferch gwallt pinc mo'r awdurdod i wneud hynny. Beth oedd yn anodd am gyfnewid papur pumpunt am bum darn arian, meddyliodd Lili. Cafodd ei chynghori gan y ferch gwallt pinc i fynd draw at Cecil ar y til pellaf. Byddai Cecil yn gallu rhoi cownter bach gwyrdd iddi hi i'w roi yn y troli. Ac ar hynny trodd y ferch gwallt pinc at ei chwsmer nesaf, cwsmer oedd wedi bod yn ddigon call i forol am ddarn punt i'w roi yn ei droli.

Aeth Lili, gan regi dan ei gwynt, draw at Cecil. Boi pwysig, Cecil. Pam fod rhaid i'r weithred o siopa bwyd fod mor astrus? Bu'n rhaid i Lili giwio am bedwar munud a hanner arall tra oedd y cwmser o'i blaen hi'n tynnu un *voucher* ar ôl y llall wrth dalu am ei neges. Roedd ambell daleb wrth draed y ddynes a bachodd Lili ar y cyfle i stwffio rhai ohonynt i'w basged. Pan ddaeth tro Lili, o'r diwedd, gofynnodd i Cecil am gownter bach gwyrdd. Edrychodd Cecil arni hi dros ei sbectol fel 'tae o'n farnwr mewn llys barn, gydag edrychiad a awgrymai anghrediniaeth wrth feddwl sut y gallai rhywun fod mor dwp â dod i siopa heb bunt i'w rhoi mewn troli. Siarsiodd Cecil hi i ddod â'r cownter bach gwerthfawr yn ôl iddo ar ôl iddi gwblhau ei neges. Addawodd Lili iddo y byddai'n hogan fach dda ac y deuai â'r cownter bach gwyrdd yn ôl iddo cyn gadael y siop. Mae'n siŵr, 'tae hi'n edrych drwy ei bocs Ludo adre, fod ganddi ddigon o gownteri bach tebyg. Tybed fyddai hi'n syniad iddi roi ambell un o'r rheiny yn ei phwrs er mwyn osgoi gwastraffu amser fel hyn eto?

Dychwelodd Lili at y trolis gan osod y cownter bach gwyrdd i ryddhau'r troli o gadwyn ei gaethiwed. O'r diwedd, fe gâi hi fwrw ymlaen â'i neges. Yn anffodus, dewisodd ful o droli. Roedd un o'r olwynion yn benderfynol o geisio tynnu Lili'n gwbl groes i'r cyfeiriad roedd hi'n bwriadu mynd iddo. Waeth beth wnâi hi, nac i ba gyfeiriad yr âi hi, fe udai'r troli dros bob man gan dynnu sylw anffafriol pawb ati. Edrychai rhai arni fel 'tae ganddi blentyn anystywallt a hithau'n fam heb unrhyw fath o reolaeth drosto. Oedd rhaid iddi wneud y fath sŵn aflafar? Meddyliodd Lili am y gân 'Tasa gen i ful bach...' Ac o basa, mi fasa Lili wedi ei guro. Dim dowt! Anghofied yr India Corn!

Wrth lusgo'r troli cwynfanllyd y tu ôl iddi, daeth wyneb yn wyneb â'r silff ffrwythau. Yno, o'i blaen, roedd bocseidiau o fefus mawr coch bendigedig. Roedd enw'r mefus ar y bocs wedi ei goglais: 'Inspire!' Ie – fe gâi'r mefus ei hysbrydoli'r prynhawn hwnnw i ddychmygu ei bod hi'n briod â Federer! Rhoddodd focs mawr o fefus yn ei throli a gweld wedyn fod posib cael tri bocs am bris dau. Estynnodd am ddau focs arall a mynd at y silffoedd diod. Estynnodd am botel o siampên. Nefoedd, roedd siampên yn ddrud! Ond hei! Roedd hi am ddathlu'r Lili newydd. Hi oedd Mirka prynhawn 'ma. Gwyddai na fyddai un botel yn ddigon i'w throi'n *zombie* llwyr, ond roedd prynu dwy botel yn afradus tu hwnt. Estynnodd am ddwy botel o Prosecco i'w hychwanegu at y botel siampên, a llusgo'r troli at y lifft er mwyn cael tro bach rownd yr adran ddillad.

Doedd Lili ddim yn mwynhau siopa dillad fel arfer. Byddai'n llawer gwell ganddi hi wario arian ar lyfrau na dillad. Prin iawn fu'r adegau pan fu i Lili brynu dillad o Marks & Spencer. Fyddai hi ddim fel arfer yn gweld llawer o ddillad roedd hi'n eu ffansïo yno, ar wahân i'r dillad isaf, ac erbyn hyn fyddai hi ddim yn gweld diben gwario yn yr adran honno chwaith. Roedd hi wedi ildio bellach i nicyrs cyffordus fyddai'n cyrraedd at ei cheseiliau. Welai hi ddim diben gwisgo thongs oedd fel fflos dannedd am ei rhannau isaf.

Daeth at yr adran dillad nofio. Dillad glan y môr

ddechrau Mawrth? Gwelodd y poster: 'Summer is just around the corner.' Yn anffodus i Lili, dyna lle roedd Tecawe Wonder Wok Y Foel hefyd, neu 'Decawe Wok ddy Ffwc', fel y byddai cwmseriaid ffraeth yr Albert yn ei alw fo. Pasiodd Lili drwy'r adran dillad nofio, a'r siwtiau nofio mewn lliwiau hyfryd yno yn gwneud iddi hi feddwl yn syth am ynysoedd Groeg, a dechreuodd hiraethu am ei hieuenctid a dyheu am wyliau glan môr. Ond byddai Lili angen hanner potel o fodca cyn medru wynebu ei hun o flaen drych mewn bicini.

Aeth yn ei blaen a gwelodd, ym mhen draw'r adran ddillad i fenywod, ffrog fach las ddigon o sioe. Y lliw glas a'i denodd hi. Lliw'r awyr ar ddiwrnod braf o haf. Roedd steil cyfnod ffrogiau te'r pedwardegau'r wisg yn apelio ati hi hefyd, ynghyd â'r defnydd ysgafn. Fyddai hon ddim yn gwneud iddi chwysu. Roedd ganddi hi sgidiau Mary Jane lliw hufen adref fyddai'n gweddu'r ffrog i'r dim. Roedd hi'n haeddu cael rhywbeth neis. Gwyddai y byddai prynu'r ffrog ar ben y siampên a'r mefus yn llyncu ffi y Cylch Sgwennu. Ond 'Itsha befo,' fel y byddai ei thad yn ei ddweud, 'pasio drwodd ydan ni i gyd.' Wyddai hi ddim pa faint i'w gymryd a bachodd ddwy ffrog ddau faint gwahanol er mwyn cael eu trio.

Powliodd y troli draw at yr ystafelloedd newid, ond roedd 'na goblyn o giw yno. Beth wnâi hi? Roedd hi'n casáu gorfod ciwio. Gwastraff amser a'r cloc yn tician. Na, roedd bywyd yn rhy fyr i giwio eto fyth. Aeth Lili'n ôl at y drych er mwyn ceisio dyfalu pa un o'r ffrogiau fyddai'n ei ffitio hi orau. Edrychodd ar ei hadlewyrchiad. Gallai'n hawdd iawn ddiflannu yn y rhes o siwmperi *beige* oedd y tu ôl iddi hi. Rhyw liw calch oedd y siaced roedd hi'n ei gwisgo dros ei sgert hufen. Oedd hi am adael iddi hi ei hun droi'n gymeriad *beige*? Lili wen fach fyddai ei nain yn ei galw ers talwm, ond Lili *beige* fach? Na, dim diolch. A beth bynnag oedd lliw ei dillad, roedd ei hwyneb yn sgil y menopos fel arfer fel taten boeth yn syth o'r barbeciw. Oedd yna rywun arall yn y siop yn ymwybodol ei bod hi yno, myfyriodd Lili. Roedd yna rywbeth am ferched hŷn. Roedden nhw'n diflannu. Nid bod Lili'n poeni fawr am hynny. Doedd hi ddim yn un oedd yn deisyfu'r *spotlight*. Doedd hi ddim yn un oedd yn mynnu sylw. Ond roedd 'na wahaniaeth rhwng byw bywyd distaw, digyffro a diflannu'n llwyr.

Astudiodd ei hun eto a'r ffordd yr oedd hi'n gwisgo ei chorff mor flêr; fel petai hi wedi ildio i rywbeth na wyddai'n iawn beth oedd o. Ymsythodd a gosod y ddwy ffrog o'i blaen, un ar y tro. Oedd, roedd y lliw'n gweddu iddi. Ond pa faint? Penderfynodd fod yn fympwyol, cau ei llygaid a ffugio chwarae dewis dewis dau ddwrn... Agorodd ei llygaid a thaflodd un o'r ffrogiau lliw *lapis lazuli* i'r troli, hongian y llall yn ôl ar y bachyn ac anelu am y cownter. Efallai nad oedd hi'n mynd i briodas heddiw, ond byddai'n talu iddi wisgo rhywbeth arbennig gan ei bod hi'n mynd i Wimbledon!

10.02 y.b.

Doedd dim sôn am Sue pan ddaeth Lili allan o'r siop; dim ond amlinelliad blêr ei chorff o dan y flanced fudr. Gwelodd Lili ei bod hi wedi estyn am *Lyfr Glas Nebo* a'i bod hi wedi ei ddefnyddio fel gobennydd o dan ei phen. Gallai weld modrwy o'i gwallt yn adlais o'r 'o' yn Nebo. Doedd Lili ddim yn meddwl ei bod hi'n cysgu, ond efallai nad oedd hi mewn hwyliau am sgwrs heddiw. Wnaeth Lili mo'i styrbio hi, dim ond gosod yn ofalus un o'r bocsys mefus wrth ei hochr.

Roedd gan Lili dros awr i'w lladd os oedd hi am barhau â'i bwriad i fod yn hwyr. Doedd 'na ddim 'os' amdani. Roedd hi'n benderfynol o herio confensiwn. Roedd hi'n benderfynol o fod yn hwyr. Owen ai peidio. Roedd ganddi ddigonedd o amser felly a chyfle i gael sgwrs iawn efo Delyth. Rhoddodd y bag Marks yn y car a chroesi draw at y siop lyfrau.

Doedd hi ddim am brynu llyfr. Dim ond paned bore 'ma yn y caffi fyny grisiau. Dim llyfr. Roedd ffenest y siop lyfrau wedi ei llenwi â hunangofiannau o bob math gydag un Michelle Obama yn eu canol yn wincio arni hi. Byddai Lili'n hoffi darllen y gyfrol honno, ond mawredd, roedd hi'n gyfrol fawr drom! Ble yn y byd y byddai hi'n ei chadw? Roedd hi bron mor drwchus ag *Ynys Fadog*, ac roedd honno'n gweithio'n dda fel *doorstop* i ddrws y gegin oedd â thuedd pan oedd yna fymryn o wynt y tu allan i siglo a gwichian. Doedd dim angen *doorstop* arall arni hi. Cododd un o'r cyfrolau *Becoming Michelle Obama* o'r pentwr yn y fynedfa i'r siop. Agorodd y dudalen gyntaf:

'When I was a kid, my aspirations were simple. I wanted a dog.'

Brwydrodd Lili'n galed yn erbyn y demtasiwn i'w phrynu, a gosododd y gyfrol yn ôl ar y silff a dilyn oglau'r coffi a dringo'r grisiau at y caffi. Ar ben y grisiau roedd yr adran athroniaeth ac yno'n pori drwy lyfr go astrus yr olwg roedd y saer a fu acw'n adeiladu ei silffoedd llyfrau. Doedd Lili ddim eisiau tarfu arno a theimlai hefyd bang o euogrwydd a chywilydd mawr am iddi gymryd yn ganiataol nad oedd o'n ddarllenydd. Dyna wers iddi hi nad wrth ei big mae prynu cyffylog! Byddai'n rhaid iddi hi weithio'n galetach os oedd hi am ddysgu eraill sut i greu cymeriadau a hithau'n llithro mor hawdd i ystrydebau syrffedus.

Sleifiodd Lili i'r caffi, a llawenhau wrth weld nad oedd hi'n rhy brysur yno'r bore hwnnw. Cyfle felly, gobeithio, am sgwrs efo'i ffrind oedd wrthi'n clirio ei hoff fwrdd wrth y ffenest. Doedd Delyth ddim yn rhannu obsesiwn Lili am fod yn brydlon, neu'n orbrydlon, i bob man. Dyna'r unig beth mewn gwirionedd fu'n achos ffrae go iawn rhyngddyn nhw yn y gorffennol. Profodd Delyth fin tafod ei ffrind sawl tro am fod mor anghwrtais â gwneud iddi hi aros amdani oherwydd nad oedd hi, fel Lili, yn cyrraedd pob man yn gynt na'r hyn a drefnwyd. Ffug-ddwrdiodd Delyth hi,

'Ti'n hwyr, Lili! Mae hi'n *ddau* funud wedi deg. Ti'n ocê?'

'Dwi ddim yn gaeth i'r cloc heddiw, Del. Dwi'n dechra pennod newydd.'

'Blydi hel! Da iawn chdi. Mi geith Lewis fynd i ganu!'

Amneidiodd Delyth ar Cadi i fynd y tu ôl i'r cownter i dywallt paned iddi.

'Iwsial, Anti Lili?' gofynnodd Cadi a gwenodd Lili arni. Doedd dim angen ateb. Coffi Flat White a siot ecstra a thartled pecan oedd y drefn bob tro.

'Ddaethoch chi â'ch cwpan, Anti Lili?'

'Daria! Naddo!'

'Dim ots. Gewch chi goffi heddiw am ddim.'

Roedd Lili wedi meddwl ei bod hi'n glyfar y tro hwn yn cofio, am unwaith, ddod â'i chwpan efo hi. Ond doedd hynny'n dda i ddim os oedd hi'n ei adael yn y car! Roedd gostyngiad o dri deg ceiniog ar baned o goffi os oeddech chi'n dod â'ch cwpan eich hun. Roedd Lili'n meddwl fod hyn yn syniad penigamp, ond doedd hi erioed wedi cofio dod â'i chwpan efo hi na chwaith ei cherdyn pwyntiau. Un peth oedd cofio cynnwys y cardiau ar ei rhestr, peth arall oedd cofio amdanyn nhw wedyn. Ac ar hynny gofynnodd Delyth iddi,

'Ddoist ti â dy gerdyn pwyntiau?'

'Daria! Naddo! Mae o yn y car.'

'Dim ots, Anti Lili. Gewch chi un arall at eich casgliad!' meddai Cadi, yn estyn cerdyn pwyntiau arall i Lili cyn i Delyth ychwanegu,

'Mae Lili'n casglu'r rhain fel conffeti!'

'Mam!' dwrdiodd Cadi. Cochodd Delyth.

'Sori! Sori, Lilette! Cymhariaeth 'm'bach yn anffodus heddiw, blodyn!'

'Enw anffodus hefyd, Mam!' mwmialodd Cadi dan ei gwynt.

'Be? Lilette?!'

'Duda fo'n uwch, pam lai?' meddai Cadi eto gan gywilyddio bod ei mam yn gweiddi dros y caffi. Roedd yr hen ŵr oedd wrth y cownter yn disgwyl am ei baned wedi troi'n lliw betys.

'Lilette oeddan ni'n dy alw di'n 'rysgol, 'de, Lili!'

'Ocê, Mam. Ocê!' Gwenodd Lili ar Cadi druan cyn troi at ei ffrind a'i hannog i ddod i gael paned efo hi.

'Fydda i yna efo chdi mewn dau funud,' dywedodd Delyth wrth glirio un bwrdd arall ac arno gwpanau a phlatiau budron. Roedd yn gas gan Delyth weld byrddau blêr. Cymerai ddiléit mawr yn y caffi roedd hi a Cadi wedi bod yn ei redeg uwchben y siop lyfrau ers blynyddoedd bellach. Aeth Lili gyda'i phaned a'i thartled pecan draw at y ffenest. Dyma hoff le Lili yn y caffi: y bwrdd bach wrth y ffenest. O'r ffenest hon gallai weld y byd yn pasio; gweld adeiladau'r dref o bersbectif gwahanol. Wrth edrych ar adeilad Marks & Spencer yr ochr arall i'r ffordd, tybiai, o weld rhan uchaf yr adeilad, ei fod yn perthyn i gyfnod Art Deco. Amhosib fyddai gweld hynny o lefel y stryd.

Gwelai ddyn yn llnau ffenest siop Las Vegas Nails. Byddai'n talu i Lili gael peintio ei hewinedd er mwyn cuddio ôl ei diffyg calsiwm, diolch i'r menopos. Ond doedd dim amser i hynny heddiw, a beth bynnag, roedd hi wedi gwario'n o helaeth yn barod. Edrychodd eto ar y dyn ar ben ei ystol. Diwrnod rhyfedd i llnau ffenestri a hithau'n bwrw bob yn ail funud, ond roedd y siop yn reit brysur gyda rhywun yn mynd i mewn neu'n dod allan yn eithaf cyson.

Nid Sue oedd yr unig un digartref yn Nhre-fach. Gwelai Lili ddau arall yn nes draw, wrth fynedfeydd siopau, yn eistedd ar eu heiddo prin. Gellid yn hawdd gredu ei bod hi wedi bod yn bwrw sachau cysgu a'r rheiny wedi lluwchio i gorneli drysau siopau a fflatiau. Roedd y bobl a gerddai heibio yn edrych fel teganau bach o'r safle hwn. Roedd y digartref yn anweledig iddynt a phob un yn anwybyddu Sue druan a'r dyn bach main â'i sbectol pot jam a draethai'n daer o flaen ei boster: *Marriage is honourable in all and the bed undefiled, but whoremongers and adulterers God will judge!*

Edrychodd Lili ar gwsmeriaid y caffi. Pobl hŷn oedden nhw'n ddieithriad a dim gair o Gymraeg rhyngddynt hyd y gwelai hi. Y bobl yma, oedd wedi teithio dros Glawdd Offa i ymddeol yng nghefn gwlad Cymru, oedd wrth wraidd y bleidlais wallgof i adael Ewrop, gan droi Dre-fach yn dref cefnogwyr Brexit. Roedd Dre-fach wedi datblygu dros y blynyddoedd diwethaf i fod yn dref pobl hŷn. Tref i bobl ddŵad droi'n bobl leol cyn marw gan ychwanegu at bwysau'r gwasanaeth iechyd, gwasanaeth oedd yn gwegian yn barod. Tref i bobl 'sgidia call' fel yr arferai Delyth ddweud. Edrychodd Lili ar draed cwsmeriaid y caffi. Roedd Delyth yn sylwgar iawn. Doedd dim sawdl i'w weld, dim ond sgidiau fflat yn lle sgidiau uchel; sgidiau *slip-on* yn lle sgidiau careiau; sgidiau lliwiau boring yn lle sgidiau llachar. Sylwodd Lili fod sgidiau pawb yno, ar wahân i'w rhai hi, Doc Martens blodeuog Cadi a phymps bach arian Delyth, oll yn rhyw amrywiad ar y lliw brown!

Mae'n amlwg fod siopau sgidiau Dre-fach yn adnabod eu cwsmeriaid.

Roedd ffenestri siopau sgidiau'r dref yn llawn arwyddion am sgidiau cysur yn hytrach na rhai ffasiynol; sgidiau oedd yn 'cushioned' neu sgidiau ac iddynt 'arch support'! Efallai fod trigolion Dre-fach yn eithaf ceidwadol yn eu dewis o sgidiau, ond o weld prysurdeb Las Vegas Nails, mae'n siŵr eu bod yn fwy mentrus yn eu dewis o liwiau i'w hewinedd.

Cododd Lili ei llygaid o draed y cwsmeriaid at eu hwynebau. Doedd dim ôl rhuthr na brys na chynnwrf o fath yn y byd arnynt. Pobl oedd y rhain â digonedd os nad gormodedd o amser i'w ladd. Byddai'n talu iddi hithau gymryd dalen o'u llyfr nhw. Ond haws dweud na gwneud. Gwrandawodd ar sgwrs y ddau hen ŵr wrth y bwrdd y tu ôl iddi hi. Roedd gwragedd y ddau wedi mynd i siopa ac roedd un ohonyn nhw i fod i brynu paent ar gyfer peintio cyntedd y tŷ, ond roedd o mewn cyfyng-gyngor mawr. Fedrai o yn ei fyw â chofio beth oedd enw lliw'r paent roedd ei wraig wedi ei ddewis, dim ond ei fod yn rhyw fath o liw brown.

'It's a sort of tweedy colour, Alan.'

'Is it called mocha, Rob?'

'I don't know, Alan.'

'Is it a sort of pale tea biscuit colour, Rob?'

'I don't know, Alan.'

'Or perhaps more like a ginger biscuit colour...?'

Ceisiai Lili feddwl pa fath o liw brown fyddai'n edrych yn neis ar wal cyntedd tŷ. Roedd o'n ddewis od braidd. Fedrai hi ddim dychmygu unrhyw liw brown fyddai'n dderbyniol. Ond dyna ni, pawb at y peth y bo! O leiaf byddai sgidiau perchnogion y tŷ yn gweddu'n berffaith i'r waliau!

Edrychodd Lili ar boster yn hyrwyddo llyfr Michelle Obama wrth y peiriant coffi a meddwl amdani'n hogan fach yn deisyfu cael ci. Ceisiodd gofio beth oedd ei dyheadau hi pan oedd hi'n hogan fach. Doedd hi ddim eisiau ci, gan fod ganddyn nhw gi o'r enw Waldo. Chafodd hi ddim ci tra oedd hi efo Lewis gan fod ganddo duedd tuag at alergedd at gŵn a chathod a achosai fymryn o frech ar hyd ei gorff, fyddai'n cael ei ddatrys yn iawn o gymryd un o'r tabledi bach o *antihistamine* y munud yr ymddangosai'r symptomau. Gan na allai hi gael ci neu gath pan oedd hi'n byw efo Lewis, penderfynodd Lili gael pysgodyn aur.

Mrs Dalloway oedd y trydydd pysgodyn aur i Lili ei gael. Bu Kate Roberts farw ar ôl i un o ffrindiau Lewis arllwys dregs ei beint o chwerw i'r bowlen mewn parti gwyllt yn y tŷ unwaith. Faddeuodd Lili erioed iddo fo, er tybio i Kate Roberts gael marwolaeth feddwol ddigon dymunol. Esgeulustod oedd achos marwolaeth Sali Mali. Roedd Lili wedi mynd ar wyliau byr i Sir Benfro efo'i mam a dod yn ôl i weld powlen wag. Dyma holi Lewis (o mor euog yr olwg), ac fe dorrodd yntau'r newydd fod Sali Mali'n fyw un diwrnod ac yn arnofio ar wyneb y dŵr y diwrnod wedyn. Credai Lili'n siŵr nad oedd Lewis wedi cofio bwydo Sali Mali a hithau mor hoff o'i bwyd; hynny neu iddo ei gorfwydo. Ac os nad oedd yr esgeulstod yn ddigon drwg, bu bron i Lili daflu'r tecell yn llawn dŵr berw at Lewis pan ddaeth yr ateb i'w chwestiwn,

'Lle wyt ti wedi claddu Sali Mali?' Edrychodd y penbwl

arni hi'n hurt gyda hanner gwên anghrediniol ar ei wyneb hyll, gan ofyn,

'Claddu?!' fel pe bai hi'n ddynes hollol orffwyll.

'Ia. CLADDU!' meddai Lili fel pe bai hi'n siarad efo plentyn pump oed. Diflannodd ei wên smyg yn eithaf handi.

'Wnes i ddim claddu fo, siŵr!'

'HI, dim FO!' gwaeddodd Lili arno a chasineb yn tasgu o'i llygaid mellt

'Wnes i ddim claddu HI, Lili. Wnes i roi Sali Mali yn y bin.'

'YN Y FFWCIN BIN?!'

Bu Lewis yn ddoeth, wrth weld llaw Lili'n crynu wrth iddi afael yn y tecell llawn dŵr berwedig, a heglodd hi allan o'r gegin yn reit handi.

Roedd ei thrydydd pysgodyn aur hi dipyn mwy gwydn ac er na ellid dychmygu pysgodyn aur yn gwmni neilltuol o dda i neb, byddai Lili'n rhoi'r byd yn ei le yn aml efo Mrs Dalloway. Roedd hi wedi trio ei galw hi wrth ei henw cyntaf yn y dyddiau cynnar ar ôl ei phrynu hi. Ond roedd ei galw hi'n Clarissa yn swnio'n amharchus rhywsut ac felly bodlonodd ar ei galw hi'n Mrs Dalloway. Fyddai hi fyth yn cyfaddef i neb, hyd yn oed i Delyth, ei ffrind gorau, ei bod hi'n treulio dipyn o amser yn siarad efo Mrs Dalloway.

Meddyliodd Lili yn ôl at ei phlentyndod hi gan geisio cofio beth oedd ei huchelgais hi'n hogan fach. Cofiai mai eisiau ffitio i mewn efo pawb arall oedd hi yn y bôn, ond wyddai hi ddim yn iawn sut. Ei ffordd hi o ddelio â'i holl ansicrwydd pan oedd hi'n blentyn oedd dianc i fyd ei llyfrau. Roedd lloches mewn llyfrau. Lili'r Llyfrbryf oedd ei henw yn yr ysgol. Fu neb yn arbennig o gas efo hi yn yr ysgol, ond fu neb yn arbennig o ffeind efo hi chwaith. Doedd ganddi hi ddim ffrind gorau yn yr ysgol gynradd, dim ond llond llaw o ffrindiau go lew; ffrindiau lled braich; ffrindiau tywydd teg. Roedd ei llyfrau hi'n gwmni gwell a llawer mwy triw na rhai o'i ffrindiau, a allai fod yn ffeind un diwrnod ac wedyn yn sbeitlyd o gas y diwrnod wedyn. A dyna osod uchelgais newydd iddi hi ei hun a hithau oddeutu naw oed ar y pryd. Diawl o ots am drio ffitio i mewn. Ei huchelgais fawr oedd bod yn awdur.

Pan gychwynnodd Lili yn yr ysgol uwchradd, canfu ffrind go iawn, a Delyth oedd honno. Doedd gan Delyth ddim llawer o ddiddordeb mewn gwaith llenyddol na sgwennu traethodau, ac yn sicr doedd gan Lili ddim llawer o ddiddordeb yn y dosbarthiadau coginio. Byddai'r ddwy'n defnyddio eu cryfderau i helpu gwendidau'r naill a'r llall. Cafodd Delyth ei hannog gan yr athrawes Gwyddor Tŷ, oherwydd ei dawn coginio, i lunio llyfryn o rysáits ar gyfer gwaith cwrs y flwyddyn honno. Doedd creu'r rysáits ddim yn broblem i Delyth, ond wyddai hi ddim ble i ddechrau o ran rhoi trefn ar y cyfan a'i droi'n llyfryn. A dyna ble y daeth Lili i'r adwy gan droi teitlau diflas fel cyfieithiad dienaid 'Pineapple Turnover' yr ysgol, sef 'Pwdin Pinafal Goriwaered', yn deitl llawer difyrrach ar gyfer y llyfryn, sef 'Pwdin Pin ar ei Din!' Parhaodd eu cyfeillgarwch drwy gyfnod yr ysgol a thu hwnt, ac yng nghaffi Delyth y dewisodd Lili lansio ei nofelau flynyddoedd yn ddiweddarach.

Aeth Lili'n syth o'r coleg i weithio yn Llyfrgell y Brifysgol ac i ddechrau sgwennu o ddifrif. Cyhoeddodd ei nofel gyntaf pan oedd hi'n bedair ar hugain oed. Felly fe ellid dadlau iddi lwyddo i wireddu'r dyhead oedd ganddi'n blentyn. I raddau. Roedd hi i fod rŵan yn paratoi i gwblhau ei phumed nofel. Ond wyddai hi ddim ble i ddechrau efo honno.

Beth sy'n digwydd pan ydach chi wedi gwireddu eich dyheadau? Ydi'r dyheadau gwreiddiol yn cael eu disodli gan rai newydd? Edrychodd Lili drwy'r ffenest ar bobl fel morgrug yn crwydro'r stryd, rhai yn mynd i mewn i Marks, rhai yn dod allan. Beth oedd eu dyheadau nhw, tybed? Canfod pâr arall o sgidiau call? Gwelodd fod siop Grafficks – The Alternative Sneaker Store wedi cau ei drysau a'r lle ar werth. Go brin fod yna fusnes proffidiol i unrhyw beth 'alternative' yn Nhre-fach. Y Mobility Superstore oedd siop fwyaf llewyrchus y dref. Tybed beth oedd dyhead y pregethwr bach taer o flaen y siop honno wrth i'r byd ei basio a'i anwybyddu? Achub eneidiau coll fel hi? Beth oedd dyhead Lili heddiw? Dyhead tymor byr Lili oedd cau'r drws ar y byd. Y munud y byddai sesiwn y Cylch Sgwennu drosodd byddai'n neidio i'w char, cyrraedd Penlôn a chau ei hun yn y tŷ ac agor drws y dychymyg ar Wimbledon! Neu Bimbyldyn, fel y galwai hi'r twrnamaint pan oedd hi'n blentyn.

Oedd cau ei hun yn ei chartref a smalio ei bod yn Mirka Federer yn Wimbledon ddim fymryn yn drist, tybed? Ond wedyn, nid bob dydd roedd y dyn y buoch chi'n cyd-fyw ag o am dros ugain mlynedd yn priodi. Roedd hi angen rhywbeth i lonni ei chalon; i basio'r diwrnod. Nid bod Lili'n hiraethu ar ei ôl. Dim o gwbl. Doedd gan Lili ddim teimladau agos tuag at Lewis. Doedd ganddi hi ddim teimladau o gasineb ato fo chwaith. Ei bai hi a neb arall oedd hi iddi afradu hanner ei bywyd yn ei gwmni.

Weithiau mae hi'n haws parhau â rhywbeth er eich bod yn gwybod ym mêr eich esgyrn nad ydi'r penderfyniad hwnnw o bosib yr un cywir.

Wnâi Lili fyth glymu ei hun at rywun eto, heb fod gant y cant yn siŵr ei bod hi'n gwneud y peth iawn. Ond pwy mewn difri calon fyddai eisiau dynes hanner cant oed oedd ar ganol y 'Darfyddiad', yn siarad efo'i physgodyn aur ac oedd ag obsesiwn am gyrraedd pob man yn wirion o brydlon? Ac ar hynny, teimlodd Lili don arall o wres yn ffrydio'n fflam drosti hi. Diawl, roedd o'n brofiad annifyr. A hyd yn oed pe bai hi'n dod ar draws y person perffaith i rannu ei bywyd ag o, rhywun fyddai'n gallu dioddef ei chwysu diflas hi, oedd rhywun fyth yn gwybod i sicrwydd ei fod yn gwneud y peth iawn? Oedd Lewis yn gwybod y bore hwnnw, wrth glymu ei dei a gosod ei rosyn yn ei labed, ei fod yn dilyn y trywydd cywir? A beth am Karen druan? Onid oedd ganddi hi unrhyw amheuon wrth iddi wisgo'i ffrog briodas a thyngu llw i gyd-fyw â hen ŵr oedd yn mwrdro pysgod aur ac oedd ag obsesiwn am symudiadau dyddiol ei goluddion?

Torrwyd ar ei myfyrdodau gan ei ffrind yn dod i eistedd ati hi. Roedd Lili a Delyth yn dallt ei gilydd yn reit dda er mor wahanol i'w gilydd oedden nhw. Delyth oedd un o'r ychydig bobl na wnâi i Lili fyth deimlo'n euog. Treuliai Lili'r rhan fwyaf o'i hamser yn teimlo'n euog am rywbeth; teimlo'n euog am beidio sgwennu, teimlo'n euog am beidio paratoi ar gyfer y sesiwn sgwennu nesaf, teimlo'n euog am beidio mynd i weld ei mam yn amlach, teimlo'n euog am fod yn flin efo Idwal yr Idiot, teimlo'n euog am yfed gormod o goffi, teimlo'n euog am wneud rhestrau gwirion...

Ond heddiw, fedrai Lili ddim peidio â theimlo fymryn yn big tuag at ei ffrind. Onid oedd Delyth yn sylweddoli pa mor anodd oedd heddiw iddi hi? Onid oedd hi wedi meddwl neilltuo'r noson honno i gadw cwmpeini iddi hi? Delyth oedd yr unig berson y gallai Lili ddychmygu treulio amser efo hi ar ddiwrnod fel heddiw. Ond roedd Delyth fel hithau'n gorfod gweithio. Bywyd go gaeth oedd y byd arlwyo, a bu Delyth yn ddiwyd yn ei gwaith ac fel mam sengl i Cadi ers iddi golli ei gŵr bymtheng mlynedd ynghynt.

Roedd llawer o gydnabod Lili a Delyth yn dechrau edrych ymlaen at eu hymddeoliad, a hanes eu tripiau moethus i leoliadau ecsotig yn prysur lenwi tudalennau Facebook. Ond gwyddai Lili mai llwyfan oedd Facebook i arddangos pobl fel yr hoffen nhw i bobl eu gweld, ac nid fel roedden nhw go iawn. Wyddai Lili ddim yn iawn pwy oedd yr hi go iawn bellach a phur anaml y byddai'n edrych drwy dudalennau Facebook. Ond doedd dim tripiau moethus nac ymddeoliad ar y gorwel i Delyth nac i Lili. Fyddai gan yr un o'r ddwy bensiwn gwerth sôn amdano a byddai'n rhaid i'r ddwy ohonyn nhw weithio hyd y gallent i gadw'r blaidd o'r drws.

Siom i Lili oedd bod Delyth wedi gwneud trefniadau ar gyfer gyda'r nos y diwrnod hwnnw. Roedd Lili angen rhywun amgenach na Mrs Dalloway heno. Beth oedd mor bwysig fel na allai Delyth ollwng pob dim a bod yn gefn iddi hi? Mentrodd Lili ofyn iddi,

'Be 'di dy blania di ar ôl i ti orffen yn fama heddiw, 'ta?'

'Dwn i'm. Cael noson fach ddistaw efo Cads, am wn i.'

Roedd Lili'n ei chael hi'n anodd cuddio ei siom. Sut allai ei ffrind fod mor ansensitif?

'Pam na ddoi di draw i'r Foel ata i?' gofynnodd, gan geisio peidio swnio'n desbret.

'Dwi wedi rhoi fy mryd ar gael noson fewn efo Cadi heno. Gawn ni gyfle am *catch up* eto, Lili. Cadi! Help! Agor y blydi ffenast 'ma!' gwaeddodd Delyth wrth ysgwyd syrfiét fel ffan o flaen ei hwyneb.

'Mae hi'n oer, Mam!' cwynodd Cadi.

'NACDI!' harthiodd Lili a Delyth fel deuawd blin. Roedd Delyth, fel Lili, yn dioddef symptomau'r diawl menopos. Roedd ei bochau yn binc a chwys yn amlwg ar hyd ei thalcen.

Roedd y ddwy ffrind yn digwydd bod yng nghanol un o'r pyliau gwres bondigrybwyll ar yr un adeg yn union. Difarai Lili iddi adael ei ffan newydd yn y car. Estynnodd syrfiét i'w chwifio fel melin wynt o flaen ei hwyneb. Y munud yr agorodd Cadi'r ffenest bu bron i Lili a Delyth daflu eu hunain allan drwyddi er mwyn ceisio cael chwa o awel i ostwng y gwres. Doedd Delyth i weld yn poeni dim bod gweddill ei chwsmeriaid hi mewn peryg o droi'n las gan yr oerfel.

Gorchmynnodd Delyth i Cadi ddod â rhew iddyn nhw. Setlodd y ddwy yn ôl wrth y bwrdd, ond doedd y pwl ddim wedi pasio'n llwyr. Dechreuodd y ddwy ochneidio a chwythu fel dwy o'u coua gan ailadrodd golygfa a edrychai'n debyg iawn i un yr actores Meg Ryan yn y ffilm *When Harry Met Sally*, ond bod y profiad yma'n llawer llai pleserus na'r un roedd Sally'n ceisio ei ail-greu yn yr olygfa eiconig honno. Daeth Cadi â dau wydr yn llawn o rew i'r ddwy ohonyn nhw. Dechreuodd y ddwy daflu'r rhew i lawr o dan eu dillad a chynyddodd yr ochneidio.

Ti'n gwbod be mae'r menopos 'ma wedi'i neud i

fi, heblaw fy nhroi i'n *radiator*?' gofynnodd Delyth i'w ffrind. Ysgydwodd Lili ei phen ac aeth Delyth yn ei blaen.

'Dwi ddim yn gwbod pwy ffwc ydw i rŵan. Do'n i ddim yn croesawu'r mislif, ond be ydi'r pwynt byw, ond i atgynhyrchu ein genynnau?' Ac wrth i Delyth ynganu'r geiriau fe welwodd ei hwyneb er gwaetha'r pyliau poeth. Gwyddai'n syth iddi fod yn hynod ansensitif.

'O sori, Lili. Fi a 'ngheg fawr.'

'Mae'n iawn, Del. A ta waeth, mae'r siop 'di cau erbyn hyn. *Closing down sale* wedi bod. Ond mae 'na plysus o beidio cael plant, cofia. Siŵr nad ydw i ddim angen yr ymarferiadau Kegel hanner gymaint â chdi!' Ac ar hynny, chwarddodd y ddwy a Delyth yn gafael rhwng ei choesau,

'Paid gneud fi chwerthin neu mi fydda i 'di gwlychu'n hun!'

'Gwna dy ymarferiadau ac mi wna inna nhw hefyd!' A dyma'r ddwy yn ymdawelu a llonyddu i ymarfer cryfhau lloriau eu pelfis. Roedd gwanio'r ardal honno'n un o'r symptomau anhyfryd eraill y gallai'r ddwy, yn anffodus, uniaethu ag o.

Roedd Alan a Rob wedi codi o'r bwrdd y tu ôl iddyn nhw, yn amlwg ddim yn gwybod sut i ymateb i berfformiad y ddwy. Wedi iddyn nhw adael, dechreuodd Lili a Delyth drafod eu hymddygiad. Mae'n rhaid bod gwragedd Alan a Rob wedi bod drwy'r menopos ar ryw bwynt oni bai fod ganddynt wragedd llawer iawn iau na nhw. Doedd menywod na dynion ddim yn gwybod sut i ymateb i'r cyflwr na'i drafod. Pam nad oedd menywod o bob oed yn trafod y blydi menopos efo'u partneriaid? Pam y tabŵ? Pam y diffyg cydymdeimlad? Pam ceisio cuddio'r symptomau? Gwir fod y rhan fwyaf o fenywod yn llwyddo i osgoi'r rhan fwyaf o'r symptomau, ond roedd un o bob pedair, fel Lili a Delyth, yn cael eu llorio gan y symptomau gwaethaf.

Roedd Lili'n grediniol nad oedd neb erioed wedi cael symptomau menopos mor ddrwg â'i rhai hi. A chredai Delyth yr un fath: bod ei symptomau hi gyda'r gwaethaf a gafodd unrhyw ddynes erioed. Diolchai Lili'n ddistaw bach nad oedd hi wedi cael un o'r symptomau gafodd Delyth – wel ddim eto, beth bynnag. Roedd Delyth yn galaru am ei gwallt trwchus oedd wedi dechrau teneuo a hynny'n gadarnhad swyddogol, meddai hi, ei bod hi'n ganol oed. Bu raid i Lili chwerthin pan ychwanegodd Delyth,

'Mi fydd gen i fwy o wallt yn tyfu allan o 'nhrwyn i nag sydd gen i'n tyfu ar fy nghorun i ar y rêt yma!'

Cytunodd y ddwy y byddai'n rhaid cymryd HRT neu ganabis neu rywbeth fyddai'n lleddfu'r symptomau. Y broblem efo HRT oedd bod y byd meddygol yn dweud ei fod o'n helpu yn erbyn osteoporosis a thrawiad ar y galon ond yn cynyddu risg strôc a thrombosis. Hmm. Beth ddylai dynes desbret ei wneud? Doedd o fawr o ddewis: osgoi trawiad ar y galon ond cynyddu'r posibilrwydd o gael clot angheuol. Roedd yna gymaint o amryfusedd ynglŷn â thriniaethau ar gyfer y menopos a'r un ohonyn nhw heb ei pheryglon. Petai dynion yn dioddef o'r menopos byddai yna driniaethau rif y gwlith wedi eu dyfeisio ganrifoedd yn ôl. Cytunai Lili a Delyth fod bywyd yn rhy fyr i orfod dioddef hyn, a mentrodd Lili ofyn i'w ffrind oedd gan Cadi gysylltiadau fyddai'n gallu eu cyflenwi nhw â chanabis. Gwgodd Delyth. Gwyddai Lili nad oedd ei hawgrym yn plesio.

Roedd Cadi wrthi'n llnau bwrdd cyfagos a mentrodd ofyn i'r ddwy ohonyn nhw oni fyddai hi'n well iddyn nhw stopio cwffio'r symptomau, gan mai proses naturiol oedd mynd yn hen. Difarodd yn syth wrth i'r ddwy weiddi arni,

'DYDAN NI DDIM YN HEN!!'

Enciliodd Cadi'n ôl at y cownter. Doedd dim cysuro ar ei mam a'i ffrind.

Roedd y caffi'n dechrau llenwi a gwelodd Delyth na fyddai'n gallu stwna efo'i ffrind yn llawer hirach.

'Ti'n mynd i fod yn ocê, heddiw, blodyn?'

'Does gen i ddim dewis, nag oes? Ti'n rhy blydi prysur. A beth bynnag, dwi 'di prynu DVD o hen gêm Federer a Nadal. Dwi'n mynd i smalio mai fi ydi Mrs Federer ar ôl mynd adre. Ac mae gen i botal o siampên.'

'Da'r hogan!' meddai Delyth. Byddai Lili wedi gwerth-fawrogi cael ei chwmni heddiw o bob diwrnod ond roedd hi'n benderfynol o beidio suddo i bwll o hunandosturi. Cododd Delyth i fynd i helpu ei merch y tu ôl i'r cownter. Wrth iddi hi fynd, gofynnodd Lili am gael sbec fach yn y gyfrol *Becoming Michelle Obama*. Roedd Delyth yn reit dda am adael iddi hi dwrio mewn llyfrau, dim ond iddi addo peidio sôn wrth berchennog y siop. Estynnodd Delyth y gyfrol iddi hi ynghyd â syrfiét glân iddi sychu ei dwylo cyn dechrau pori ynddi. Trodd Lili at yr adran lluniau a chraffu ar lun o Barack yn gafael yn gariadus warchodol ym Michelle pan oedd y ddau'n gyfreithwyr ifanc. Roedd Lili wastad wedi edmygu'r ddau ac wedi meddwl am Barack fel dyn da, dyn fyddai'n driw i'w wraig ac yn dad da i'w blant. Dyn na fyddai'n lladd pysgod aur.

Tybiai y byddai ei osgo deniadol yn gwneud i rywun deimlo'n gartrefol iawn yn ei gwmni. Gellid yn hawdd iawn feddwi'n braf ar ei wên lydan.

Sganiodd Lili drwy'r tudalennau ac oedi ar dudalen naw deg chwech. Roedd 'na un gair wedi neidio o'r dudalen. *Tardiness*. Darllenodd Lili'r paragraff cyn y gair hwnnw. Roedd Michelle yn un oedd yn brydlon i bob man. Y diwrnod cyntaf iddi gyfarfod Barack oedd y diwrnod roedd o'n cychwyn ar swydd newydd yn y cwmni cyfreithiol lle roedd Michelle yn gweithio. Cyrhaeddodd Michelle y gwaith yn brydlon. Doedd dim sôn am Barack. Gwyddai Michelle fod y ferch yn y dderbynfa yn gweld ochr ddoniol hyn i gyd:

'She knew how tardiness drove me nuts – how I saw it as nothing but hubris.'

Tardiness. Blasodd Lili'r gair. Roedd hyd yn oed sŵn y gair yn awgrymu haerllugrwydd. Gwglodd y gair ar ei ffôn yn Thesaurus er mwyn canfod ei darddiad:

'Tardiness comes from the Latin word tardus: slow, sluggish, dull or stupid.'

Roedd yna adran arall yn gofyn pob math o gwestiynau'n ymwneud â'r gair. Gwyddai Lili beth fyddai ei hateb hi i'r cwestiwn:

'What do you call a person who is always late?'

'Twat!'

Tybed oedd yna arwyddocâd i'r Ffrangeg am hwyr: 'en retard'? Cofiai Lili fel y disgrifid plant gydag anghenion arbennig ers talwm fel 'retards'. Hyd yn oed yng nghyfnod Lili a Delyth yn yr ysgol, fe gyfeirid at y plant hynny gan yr athrawon fel y plant oedd 'ar ei hôl hi'. Y plant 'backward'. Diolchai Lili fod cymdeithas ychydig yn fwy gwaraidd yn ei dewis o iaith bellach. Ond canlyniad darllen y pwt yna yn y gyfrol *Becoming Michelle Obama* oedd gwneud i Lili gynhesu at Michelle ac oeri ei theimladau tuag at Barack. Ond wedyn gwyddai Lili, fel un oedd wedi bod yn rhith-awdur i ambell hunangofiant, mai prif gymhelliad cyfrolau o'r fath oedd taflu'r goleuni mwyaf ffafriol ar y gwrthrych. Anaml iawn y ceid hunangofiant cwbl onest a diduedd.

Caeodd Lili'r llyfr, codi a rhoi Michelle yn ôl yn ofalus ar y silff. Aeth yn ôl i'w sedd. Edrychodd ar ei horiawr; anrheg pen-blwydd hanner cant oed a dderbyniodd gan Delyth a Cadi, a Cadi'n ei phryfocio bryd hynny nad oedd neb yn gwisgo oriawr y dyddiau yma.

'*Single function device* ydi *watches*, Anti Lili. Fedrwch chi tsiecio faint o'r gloch ydi hi ar eich mobeil!' Ateb Lili oedd y gallai ei ffôn redeg allan o fatri. Beth fyddai hi'n ei wneud wedyn? Yn doedd o'n beth rhyfedd, meddyliodd Lili, fod yr union ddyfais i nodi faint o'r gloch oedd hi yr eiliad hwnnw bellach yn ddyfais a berthynai i'r gorffennol. Tic toc!

Roedd hi'n tynnu am hanner awr wedi deg. Byddai hi fel arfer yn anelu at yr ystafell gymunedol rŵan ac yn disgwyl i'r aelodau ymuno â hi. Er mwyn ceisio osgoi'r demtasiwn i fynd draw a chyrraedd yn brydlon, sgroliodd Lili drwy Facebook. Camgymeriad. Gwelodd lun o Karen y Carer gyda'i morwynion priodas (wyth ohonyn nhw ffor ffycs sêcs!), yn cael colur a gwneud eu gwalltiau. Roedd y naw ohonyn nhw'n edrych fel pe baen nhw wedi eu trochi mewn grefi browning gymaint oedd y *fake tan* ar eu hwynebau a'u breichiau! Pa un o'r merched oren hyn oedd Mercedes, tybed? Roedd y briodferch ynghyd â phob un o'r morwynion priodas yn dilyn y ffasiwn ddiweddaraf o beintio'u haeliau mor drwchus â rhai Groucho Marx. Prin y gellid gweld eu llygaid gan gymaint o gysgod yr aeliau du oedd ar eu talcenni. Ddalltodd Lili erioed mo'r ffasiwn hurt honno.

Roedd yna ddegau o bobl yn hoffi'r lluniau ac yn dymuno'n dda i Karen a Lewis. Roedd hi ar fin diffodd ei ffôn pan welodd bostiad gan rywun yn dweud:

Dear Girls,

Madonna is 57, her boyfriend is 24. Tina Turner is 77, her boyfriend is 42. J-Lo is 44, her boyfriend is 28. Still Single? Relax, your boyfriend isn't even born yet.

Roedd gobaith iddi eto, meddyliodd Lili gan roi ei ffôn yn ei phoced. Edrychodd ar ei horiawr eto. 10.32. Roedd hi'n anodd meddwl am ffordd o ladd hanner awr. Doedd eistedd yn llonydd yn gwneud dim byd ddim yn rhywbeth oedd yn dod yn hawdd iddi hi, oni bai bod ganddi lyfr.

Edrychodd o'i blaen a gweld silffoedd dan adran a enwyd yn 'Self-help'. Tybed oedd yno lyfr i helpu rhywun oedd yn methu peidio â bod yn gynnar i bob man? Cododd drachefn a mynd draw at y silff. Roedd yno un llyfr oedd yn apelio, sef *The Subtle Art of Not Giving a F*ck*. Doedd honno ddim yn gelfyddyd y gallai Lili frolio ei bod hi'n feistr arni hi. Roedd hi ar fin estyn amdano pan welodd lyfr ar y menopos. Roedd hi angen help mewn sawl cyfeiriad, ond yn bendant roedd hi angen help efo'r diffyg cwsg a'r chwysu ddaeth law yn llaw i ddathlu diwedd ei mislif. Cydiodd ynddo a mynd at y cownter i'w brynu. Gwenodd Delyth a dweud wrthi am adael iddi wybod os oedd yna unrhyw dips iddi hi sut i ddygymod â'r diffyg oestrogen yn ei chorff hi. Stampiodd Delyth gerdyn pwyntiau newydd a'i roi i'w ffrind.

Aeth Lili yn ôl at ei sedd a'i phaned. Efallai ei bod hi wedi ildio i'r demtasiwn i brynu llyfr, ond o leiaf fe gafodd hi ail baned o goffi am ddim yn y fargen. Wrth setlo'n ôl yn ei chadair, taflodd un cip bach sydyn drwy'r ffenest a gweld fod Sue erbyn hynny'n eistedd ar ben ei sach gysgu'n darllen llyfr ac yn bwyta mefus! Trodd Lili'n ôl at ei llyfr hithau'n barod i fwynhau ei phaned pan glywodd lais cyfarwydd:

'Lili! *Darling*! Gwych! Ga i gwmni i fynd draw. Dewch, cariad, neu mi fyddwn ni'n hwyr ac mi fyddwch chitha wedi fferru wrth y ffenest 'ma! Mae hi fatha'r Arctic yma!'

Yno, o'i blaen, roedd Rupert, oedd heddiw wedi penderfynu bod yn Rosie. Daria! Roedd ei bwriad i gyrraedd y sesiwn yn hwyr wedi ei ddifetha ac roedd ei bwriad i fwynhau ail baned o goffi wedi ei sgubo gan gorwynt Rosie. Ond yn waeth na hynny, roedd Rosie mewn ffrog cyn lased â'r môr. Y ffrog *lapis lazuli* o Marks!

10.52 y.b.

Er na lwyddodd Lili yn ei hymgais i fod yn hwyr i'r sesiwn sgwennu, dyma'r tro cyntaf erioed i rywun arall fod yno o'i blaen hi. Max a Catherine oedd yno, a Catherine yn ôl ei harfer wedi dod â bwyd efo hi. Ond nid bisgedi'r tro hwn, ond clamp o gacen fawr pen-blwydd wedi'i haddurno â'r geiriau 'Pen-blwydd Siapus Max. 80' mewn llawysgrifen goch go grynedig yr olwg. Bu bron i Lili fynd ar ei hyd wrth iddi faglu dros ffrâm Zimmer Max ar ei ffordd i roi sws ar ei foch. Brwydrodd yn erbyn yr ysfa i gyfogi wrth anadlu ei halitosis o'n ddwfn i'w hysgyfaint. Doedd o ddim yn help chwaith iddi gael un o'r bastad pyliau gwres mawr yr un pryd. Ymlwybrodd gweddill yr aelodau i'r ystafell yn eu tro a phawb yn dymuno pen-blwydd hapus i Max. Yn raddol fach, gostegodd y don o chwys a throdd corff Lili yn ôl o fod yn berwi i fod yn dymheredd callach.

Cyfarchwyd Rosie gan bawb yn wresog heb i neb dynnu sylw o gwbl at y ffaith mai Rupert oedd hi fis ynghynt. Dyna un peth a wnâi i Lili gynhesu'n arw at aelodau'r Cylch Sgwennu, sef y ffaith eu bod i gyd yn derbyn odrwydd ei gilydd gan droi odrwydd yn normalrwydd. Roedd rhywbeth yn hynod o ddemocrataidd am y grŵp yma o bobl, oedd ar un olwg mor wahanol i'w gilydd ac eto â chymaint yn gyffredin. Roedden nhw'n bobl dda.

Dangosodd Rosie i Lili'r hyn roedd hi wedi ei brynu yn y siop lyfrau. Cododd Rosie gyfrol Michelle Obama o'i bag Mulberry ffug a gwenodd Lili wên ddiffuant gyntaf y bore hwnnw. Addawodd Rosie y câi Lili fenthyg y gyfrol pan fyddai hi wedi dod i ben â'i darllen. A dyna pryd y gofynnodd Rosie yn ei llais uchel,

'Pa lyfr brynsoch chi, Lili?' A phawb yn ymuno eisiau gwybod beth oedd y gyfrol roedd Lili wedi ei dewis y tro hwn. Ceisiodd Lili smalio nad oedd hi wedi clywed cwestiwn Rosie, ond roedd Rosie'n benderfynol,

'Dangoswch eich llyfr newydd, Lili. Gawn ni ffeirio llyfra. Gewch chi fenthyg Michelle a ga i fenthyg eich un chi.'

'Dwi ddim yn meddwl y basach chi isio'i ddarllan o, Rosie.'

'Try me, darling.'

Cofiodd Lili am y sgwrs a gafodd hi a Delyth yn trafod y tabŵ o amgylch y menopos. Doedd dim cywilydd mewn trafod proses naturiol heneiddio. Ond eto, roedd rhywbeth am rannu'r profiad yn groes i'r graen iddi hi. Ond bu'n rhaid iddi ildio i'r swnian a dangosodd ei chyfrol ar y menopos i'r grŵp wrth iddi ddioddef un arall o'r pangfeydd chwyslyd, a Rosie'n ebychu'n ddramatig,

'Lili, cariad. I feel your pain.'

Sodrodd Lili'r llyfr yn ôl yn ei bag wrth glywed yr aelodau'n gwneud synau cydymdeimladol. Ceisiodd sychu'r chwys oedd wedi cronni uwchben ei gwefus â chefn ei llaw. Roedd eu caredigrwydd nhw'n bwll diwaelod. Mynnai Marian mai HRT oedd yr ateb ac nad oedd sail wyddonol i'r ofnau a daenwyd rai blynyddoedd ynghynt am y risg gynyddol o gael canser y fron o'i gymryd o. Mae'n debyg bod mwy o siawns, meddai Marian, i rywun oedd yn yfed dau wydraid o win y nos gael canser y fron nag oedd yna i rywun ar HRT. A dyma Lili'n meddwl yn ddistaw bach iddi hi ei hun, *O! Dwi'n hollol ffwcd felly!*

Ar hynny dechreuodd Sheila ar ei phregeth pro-anifeiliaid. Roedd hi'n daer yn erbyn HRT. Oedd Lili'n sylweddoli mai distylliad o biso ceffyl oedd yr oestrogen yn yr HRT? Oedd hynny'n deg â'r ceffyl druan? Dechreuodd Lili golli'r awch i fyw. Ond bid a fo am hynny, llwyddodd i oedi dechrau'r sesiwn tan 11.06. Cant un deg pedwar o funudau eraill i'w llenwi. Gofynnodd Catherine a fydden nhw'n cael cychwyn y sesiwn efo darn o gacen i bawb gan ei bod hi'n ddiwrnod mor arbennig. Dim problem o gwbl, meddai Lili, gan annog Catherine i gymryd ei hamser i dorri darn hafal i bawb rhag i rywun gwyno!

Roedd y darnau'n anferthol ac yn gliw i pam roedd Catherine mor nobl, neu a rhoi enw Max arni, 'Catherine the Great'! Yr hyn oedd yn parhau'n syndod i Lili oedd bod gan Catherine the Great, er mor fawr oedd hi, lais bychan bach. Roedd ei llais hi'n union fel petai hi'n llygoden fach wedi llyncu *helium*.

Tra oedd Catherine yn fawr ei ffrwst yn torri'r gacen, edrychodd Lili o'i chwmpas ar yr ystafell gymunedol a'r cyfan yn ennyn diflastod ynddi hi. Pa ysbrydoliaeth a geid o ystafell a'i dodrefn mor sefydliadol, ei charped mor sefydliadol a hyd yn oed y lluniau ar y waliau'n rhai sefydliadol? Pam na fyddai'r Cyngor yn buddsoddi mewn gwaith gan artistiaid lleol? Neu pam na fyddai'r Cyngor yn rhoi lle teilwng i waith mynychwyr yr ystafell? Byddai rhai o gerddi aelodau'r Cylch Sgwennu'n addurn mwy addas ac yn rhatach na'r printiau dienaid yn eu fframiau rhodresgar.

Torrwyd ar ei myfyrdodau gan sylw Max yn nodi bod angen i Catherine dorri darn i Owen hefyd. Ond hysbysodd Lili nhw na fyddai Owen yn ymuno â nhw heddiw. Gresynai Catherine na fyddai Owen yn cael darn o'i chacen hyfryd hi, ond tawelodd Lili ei phoen meddwl ac egluro y byddai o'n siŵr o gael darn o gacen heddiw gan ei fod o mewn priodas. Esgorodd hynny ar sawl fersiwn o 'Wwws!' ac 'Aaas!' – 'Priodas pwy?' Oedodd Lili am eiliad. Doedd ganddi hi ddim awydd i fwrw ei bol efo'r aelodau, er mor hoff yr oedd hi ohonyn nhw. Oedd hi am ddatgelu priodas pwy? Wel, o leiaf byddai'n ymestyn fymryn ar y sesiwn. Roedd hi eisoes yn 11.15. Cant a phump o funudau i'w llenwi.

'Priodas Karen. Ei chwaer fach.' A dyna fonllefau eto o 'Www!' 'Aaa!' 'Dyna neis!' Gan orffen efo Marian yn holi,

'Pwy mae hi'n priodi?'

'Lewis,' meddai Lili. Gwelodd fod yr wyth, a edrychai arni hi mor ddisgwylgar, yn aros am fwy o wybodaeth. Cyrliodd Lili fodiau ei thraed wrth iddi ychwanegu mewn llais bach,

'Lewis, fy nghyn-bartner i.'

'Pwy?' gofynnodd Max.

'LEWIS, FY NGHYN-BARTNER I,' meddai Lili eto, yn anaddas o uchel y tro hwn.

'Cyn-bartner gwaith?' gofynnodd Max yn edrych arni mewn penbleth.

'Na, cyn-bartner... Partner...'

Wyddai Lili ddim yn iawn sut i egluro, ond roedd yr aelodau'n amlwg wedi dechrau dallt a phawb mwyaf sydyn wedi troi i astudio eu cacennau fel pe baen nhw'n ddarnau o drysor gwerthfawr ac yn hynod, hynod o ddiddorol. Roedd Alwyn druan, oedd â thuedd beth bynnag i rowlio'i dei rhwng ei fysedd, bellach wedi gorchuddio'i dei â stremps eisin coch a gwyn y gacen ben-blwydd. Roedd y distawrwydd yn affwysol o boenus i bawb. Oedd Lili wedi rhoi gormod o raff i'w thafod? Torrwyd ar y distawrwydd annifyr gan lais gwichlyd Catherine,

'Bwytewch eich cacen, Lili. Mae golwg ar glemio arnoch chi.'

Eglurodd Lili ei bod hi newydd gael tartled pecan. Ond doedd hynny ddim o unrhyw ddiddordeb i Catherine a chafodd Lili ei bwlio i fwyta'r darn enfawr, chwydlyd o felys, oedd fel penyd iddi ar ei phlât. Ychwanegodd Rosie:

'*A second on the lips, a lifetime on the hips! But who cares!* Joiwch o, Lili!'

Ar ben popeth, roedd yr aelodau erbyn hyn wedi codi eu pennau o'u cacennau ac yn edrych arni gyda'u llygaid llo bach tosturiol wrth i Lili geisio ei gorau i ffugio pleser wrth fwyta'r gacen siwgwrllyd o'i blaen. Yn gyfeiliant, wrth iddi hi orfodi'r gacen i lawr ei chorn gwddw, roedd yr aelodau'n hymian amrywiol synau o bleser, yn 'Mmm' ac yn 'Www' ac yn 'iym, iym, iym', a hyd yn oed Catherine yn dweud wrthi, fel pe bai Lili'n blentyn tair oed, 'Lawr y lôn goch, dyna hogan dda, Lili!' Roedd pob un ohonynt fel pe baen nhw'n ewyllysio iddi fwynhau pob cegaid. Bu'n rhaid i Lili ymuno yn y corws a hynny, fel hudlath, yn troi wynebau ymbilgar yr aelodau'n wynebau o ecstasi llwyr. 'Mmm! Iym, iym, iym!' Hanner ffordd drwy'r sŵn a'r artaith, penderfynodd Lili fod angen tynnu'r sylw oddi arni hi ei hun a mynnodd eu bod nhw'n canu pen-blwydd hapus i Max. A dyna wnaed.

Gyda synnwyr trannoeth, byddai'n well gan Lili fod wedi gwrando ar ewinedd yn crafu bwrdd du. Efallai fod yr wyth ohonyn nhw'n mwynhau sgwennu, ond doedd fawr o siâp ar eu canu nhw a Catherine druan fel eos bren. Erbyn gorffen yr udo canu a chlirio'r hylltod platiau, roedd hi'n 11.31. Wyth deg naw munud i fynd. Diolchodd Max i Catherine the Great am y gacen a phawb yn amenio.

Yn ôl ei harfer, tynnodd Marian ei gwlân a'i gweill allan o'i bag. Byddai'n dod â'r un bag bob mis, sef bag â'r geiriau 'I knit so I won't kill people' arno. Yn ogystal â mynychu'r Cylch Sgwennu, fe âi Marian bob bore Mawrth i'r Cylch Gwau yn Neuadd yr Eglwys. Byddai'n dechrau pob sesiwn o'r Cylch Sgwennu yn gwau rhyw siwmper seicadelic i'w hŵyr bach wyth oed. Os deuai ysfa sgwennu arni hi'n ystod y sesiwn, byddai'n rhoi'r gorau i'r gwau a'i gadw'n ofalus yn ei bag. Roedd gan Marian duedd i rygnu ar yr un tant am Madog, ei hŵyr bach. Roedd hi wedi datgelu i'r Cylch Sgwennu sawl tro ei bod hi'n poeni ei henaid fod Madog bach yn cael ei fwlio yn yr ysgol. Câi Lili ei themtio i ddweud wrthi nad oedd hi'n syndod fod Madog bach yn cael ei fwlio os oedd o'n gwisgo siwmperi lliwgar Marian yn yr ysgol. Ond calla dawo.

Wrth weld bag Marian ar ei glin o dan ei gwau, cofiodd

Lili am y tro cyntaf iddi weld y bag gan Marian pan ddywedodd Lili wrthi, gan gyfeirio at ei bag, ei bod hi'n biti na fyddai rhywun fel Dr Shipman wedi ymuno â chylch gwau yn rhywle. Wps! Cofiai sut yr aeth y grŵp yn fud a Paul yn gwgu arni hi am ddweud peth mor hyll. Er i Lili fynnu mai jôc oedd ei sylw, doedd Paul ddim am faddau ac edrychai arni hi fel prifathro'n dwrdio disgybl.

'A wel! Gwell symud ymlaen at y sgwennu felly,' meddai Lili

'Syniad da!' meddai Alwyn.

Edrychodd Lili ar y cloc ar y wal gyferbyn â hi a gweld ei bod hi'n 11.42. Saith deg wyth munud i fynd. Torrwyd ar ei myfyrdodau gan lais PC yn gofyn am gael cychwyn arni.

Gwagiodd Lili gynnwys ei basged gan dywallt pentwr o dalebau budron ar y bwrdd o'i blaen. Bu distawrwydd am ennyd a phawb yn edrych yn syn arni hi, yn amlwg yn disgwyl rhyw fath o eglurhad gan eu tiwtor rhyfedd.

'Reit. Roeddech chi isio sesiwn ar greu cymeriad. Wel dyma ni! Cymrwch daleb yr un, neu weithio mewn parau, a chreu cymeriad. Dewch. Peidiwch â bod yn swil. Dwi isio i chi feddwl fel ditectif. Astudiwch eich taleb. Sylwch pa siop ydi hi, faint o'r gloch ydi hi, beth ydi'r nwyddau, sut y telir am y nwyddau. Ac wedyn dwi isio chi roi enw i'r siopwr. Faint ydi ei oed o neu hi? Sut maen nhw'n talu am y nwyddau? Ydyn nhw'n prynu ar eu cyfer nhw'u hunain neu ar gyfer rhywun arall? Ydyn nhw'n unig? Ydyn nhw'n stresd? Ydyn nhw'n hapus? I lle maen nhw'n mynd? Sut ddiwrnod sydd o'u blaenau nhw? Beth ydi eu tueddiadau gwleidyddol nhw? Pwy ydi eich cymeriad chi? Reit, ffwrdd â chi! Gewch chi ddeng munud yn cychwyn o rŵan!'

Edrychodd pawb arni hi'n hurt am eiliad cyn estyn am y talebau ac Alwyn yn ebychu,

'Syniad da!'

13.13 y.h.

Casglodd Lili'r talebau a'u stwffio i'w basged. Roedd hi'n fwriad ganddi eu cadw'n ddiogel ar ôl cyrraedd adref gan y gallent, o bosib, fod o fudd ar gyrsiau sgwennu creadigol eraill. Yn sicr, doedd ganddi hi ddim awydd cael ei dal yn twrio mewn biniau eto. Roedd meddwl am Owen yn ei gweld yn gwneud hynny'n ddigon i wneud iddi wrido yn y fan a'r lle a theimlodd don arall yn golchi'n annifyr o boeth dros ei chorff, a'i hwyneb yn troi'n un foddfa o chwys.

Estynnodd am wydraid o ddŵr ac eistedd am ennyd i aros i'r don ddiweddaraf gilio a diflannu. Myfyriodd ar y ddwy awr a aeth heibio. Pasiodd y cyfan yn llawer haws na'r disgwyl. Oedd, roedd y sesiwn wedi mynd yn syndod o dda. Roedd Lili'n hoff iawn o'r aelodau i gyd yn eu gwahanol ffyrdd. Doedd hi ddim wedi paratoi ei hun yn iawn y diwrnod hwnnw i ddelio efo'u caredigrwydd llethol nhw. Roedden nhw i gyd wedi synhwyro fod heddiw'n ddiwrnod anodd iddi hi. Teimlai'n emosiynol. Teimlai bwl bach o euogrwydd hefyd am fod wedi 'wingio' ei ffordd drwy'r sesiwn. Roedd yr aelodau'n haeddu gwell. Byddai'n rhaid iddi baratoi go iawn ar gyfer y tro nesaf. Ond roedd ganddi syniad yn dechrau ffurfio'n barod, rhyw fath o ddatblygiad ar y gwaith a wnaed yn sgil y talebau a thrwy hynny ddatblygu syniadau cychwynnol eu hamrywiol gymeriadau. Beth petai...?

Pylodd y chwysfa a chymerodd Lili ei hamser i glirio'r ystafell gymunedol. Doedd dim brys. Doedd dim byd mawr yn galw. Dim amserlen. Dim ond prynhawn a chyda'r nos cyfan o ymlacio. Ceisiodd ysgubo briwsion y gacen oddi ar y carped o dan gadair Catherine a sgwriodd y bwrdd. Teimlai Lili ei hun yn ymlacio a hynny, mae'n siŵr, am i'r sesiwn basio'n llwyddiannus a phawb i'w weld wedi mwynhau creu'r cymeriadau rhyfeddaf.

Rhaid cyfaddef i'r cymeriad a greodd Stan aflonyddu fymryn arni hi. Ynghanol yr holl dalebau a osododd Lili ar y bwrdd ar gyfer yr aelodau, roedd ei hun hi o Marks yn gynharach y bore hwnnw. Doedd hi ddim wedi bwriadu ei chynnwys. Cafodd dipyn o sioc wrth wrando ar Stan yn dadansoddi cymeriad y siopwr yn Marks oedd yn annifyr o agos ati hi – ac eithrio'i gwleidyddiaeth hi. Cychwynnodd Lili drwy ofyn iddo, fel y gwnaeth efo pawb arall,

'Reit, Stan! Pwy a beth ydi enw dy gymeriad di?'

'Desdemona.'

'A sut gymeriad ydi Desdemona?'

'Mae Desdemona'n ddynes ddiegwyddor. Mae hi wedi prynu mefus bore 'ma yn Marks & Spencer. Mefus ym mis Mawrth! Dim ond o wledydd fel yr Aifft neu Sbaen y gallwch chi gael mefus yr adeg yma o'r flwyddyn yn y wlad yma. Meddyliwch am yr ôl troed carbon mewn difri calon! Synnwn i damed fod Desdemona'n cefnogi Brexit!'

Gwyddai Lili'n syth iddi wneud camgymeriad yn awgrymu i'r aelodau benderfynu beth oedd tueddiadau gwleidyddol eu cymeriadau. Doedd hi ddim yn siŵr, er enghraifft, pa mor bell i'r dde oedd gwleidyddiaeth rhywun fel Max. Fe soniodd o mewn un sesiwn o'r Cylch Sgwennu ei fod o'r farn fod Brexit yn syniad da. Bu bron i Lili dagu ar ei phaned. Doedd hi ddim yn licio dweud fod Brexit iddi hi'n gyfystyr â gwladwriaeth Brydeinig wrywaidd ar menopos. Roedd Stan, i'r gwrthwyneb, mor bell i'r chwith nes bron iawn troi rownd. Gofynnodd PC i Stan beth arall roedd Desdemona wedi ei brynu.

'Mae Desdemona hefyd wedi prynu siampên a Prosecco a ffrog. Roedd hyn am 9.45 bore 'ma. Mae hi ar ei ffordd i barti. Ella ei bod hi'n mynd i'r briodas.'

'Na, na,' meddai Catherine yn wfftio ei awgrym gan ychwanegu'n ddilornus,

'Mi fasa Desdemona wedi prynu ei dillad priodas cyn y diwrnod ei hun. Does 'na'r un ddynes yn prynu ffrog i briodas ar fore'r briodas, siŵr iawn!'

Ond torrodd Stan ar ei thraws a dweud:

'Roedd Desdemona'n aros mewn gwesty yn Nhre-fach neithiwr. Ac wrth gael brecwast bore 'ma, yng nghanol ei chyffro, fe dolltodd hi sudd oren dros ei ffrog, ac felly roedd rhaid iddi hi fynd ar ei hunion i'r siopau i brynu ffrog arall.'

'Pam ei bod hi'n prynu mefus a siampên a Prosecco i fynd i briodas?' heriodd Catherine. Doedd Stan ddim wedi gweithio honna allan, ond daeth Sheila i'r adwy.

'Mefus ydi'r symbol mae merched yn ei ddefnyddio ar Facebook i godi ymwybyddiaeth o gancr y fron. Mae'r ffrwythau'n cynrychioli gwahanol statws yn eu bywyd carwriaethol. Er enghraifft mae mafon yn golygu *I don't want to commit*; mae afal yn golygu *Dwi wedi dyweddïo*;

87

banana yn golygu *Dwi wedi priodi*; lemon – *Dwi isio bod yn sengl* ac yn y blaen.'

'A be mae mefus yn ei gynrychioli?' gofynnodd Lili'n betrus.

'Mae mefus yn golygu *I can't find Mr Right*. Ac felly, ella bod Desdemona'n mynd â'r mefus efo hi i'r briodas yn y gobaith o ganfod Mr Right!' Chwarddodd Sheila a dweud,

'Dwi'n lemon!' Ac ategodd Max,

'A dwi'n fanana!' A hithau'n piffian chwerthin fe ymunodd Catherine a dweud,

'A dwi'n fanana ac yn lemon!' Taflodd Max ffug wg tuag ati a Catherine yn chwerthin a thaflu sws ato'r un pryd. Roedd Rosie'n benderfynol o gael ei chynnwys yn y gêm a chyhoeddodd,

'A dwi'n *fruit cocktail!*'

Chwarddodd pawb yn harti, gan gynnwys Lili, ond bod Lili'n chwerthin yn ofalus iawn a'r chwerthin yn ei hatgoffa i ailafael yn ei hymarferiadau Kegel. Wrth i'r chwerthin ostegu a chyn i neb gael cyfle i holi Lili oedd hi'n fefusen ai peidio, a chyn i Stan fynd ddim pellach gyda'i ddisgrifiad o Desdemona oedd yn annifyr o agos at fod yn ddisgrifiad go gywir ohoni hi ei hun, gofynnodd Lili i'r aelodau gysidro pa ffrwyth felly fyddai'n addas i'w cymeriadau nhw. Haleliwia! Gwibiodd yr amser ac roedd hi'n un o'r gloch ymhen dim.

Wrth ffarwelio â'r aelodau, atgoffodd Catherine bawb eu bod nhw'n cael parti bach cynnar yn eu tŷ nhw ddechrau'r noson i barhau â dathliadau pen-blwydd Max. Nid bob dydd mae rhywun yn bedwar ugain! Roedd croeso i'r aelodau bicio draw, gan gofio mai parti gwisg ffansi ar thema bwyd fyddai hwn. Pa fath o fwyd, gofynnodd Sheila. Unrhyw fath o fwyd oedd ateb Catherine, gan chwerthin dros bob man. Ceisiodd Lili ymuno yn y chwerthin, ond rhyw chwerthin digon ffals oedd o. Os oedd Lili'n casáu unrhyw beth, partïon gwisg ffansi oedd hynny. Ond chwarae teg, rhaid oedd cydnabod bod y Cylch Sgwennu'n un cymdeithasol iawn. Bu Lili allan ar sawl noson alcoholaidd ddigon difyr efo'r criw. Efallai mai cylch yfed efo problem sgwennu oedd hwn mewn gwirionedd!

Diolchodd Lili i Catherine am y gwahoddiad gan feddwl esgusodi ei hun a chreu uwd o gelwyddau fod yn rhaid iddi fynd i weld ei mam, bod yn rhaid iddi fynd i gefnogi digwyddiad yn Neuadd Goffa'r pentref, bod yn rhaid iddi sgwennu, ynghyd â chant a mil o anwireddau eraill, ond wnaeth Catherine ddim rhoi cyfle iddi. Dweud dim oedd orau felly. Y gwir oedd bod Lili'n barod am ei gwely toc wedi naw bob nos ac yn ei chael hi'n anodd iawn aros yn effro wedi hynny. Roedd Delyth yr un fath, meddai hi, a'r ddwy'n cytuno bod yn rhaid bod hyn, yn ogystal â'r blew bach styfnig oedd yn blodeuo ar degyll y ddwy, yn symptomau anffodus eraill o'r menopos.

Un o'r ychydig fanteision i'r menopos oedd y ffaith fod tyfiant blew coesau dynes yn arafu. Rhoddai hynny ddigon o amser felly i ofalu am y mwstásh newydd uwchben y wefus. Roedd Delyth yn lwcus, meddyliodd Lili, roedd ganddi hi Cadi i'w helpu hi i blycio'r blew oddi yno. Hyd yn oed efo sbectol ar ei thrwyn, câi Lili drafferth i weld y blew. Ond gwyddai eu bod yno. Dim ond iddi deimlo o gwmpas ei gên a'i gwefusau efo blaenau ei bysedd, gwyddai fod yna fyddin o flewiach gwydn wedi sbrowtio yma ac acw.

Canfu Lili'n ddiweddar, wrth eistedd yn y car, os oedd yr haul yn taro ar y ffenest y gallai, yn nrych ei char, weld y goedwig ar ei gên yn llawer cliriach. Roedd egin y blewiach yn ei hatgoffa o'r pennau wyau berwr dŵr yn yr ysgol fach. Cofiai sut y byddai hi, a gweddill y dosbarth, yn cael eu hannog i ddod â hanner wyau efo nhw i'r ysgol. Bydden nhw wedyn yn taenu hadau berwr dŵr ar ddarn o wlân cotwm llaith a'u gosod yn yr hanner wy gwag. Yna fe beintiai lygaid a cheg yn gwenu. Ac ymhen ychydig ddyddiau, o'u dyfrio bob hyn a hyn, byddai'r hadau'n egino'n wallt blêr ar ben yr wyneb wy ar silff ffenest yr ystafell ddosbarth. Y cyfan fyddai'n rhaid i Lili ei wneud bellach fyddai troi'r wên yn geg gam a gadael i'r hadau egino'n farf ar waelod wyneb yr wy! A dyna Lili ar ei phen!

Un tro, a hithau'n ddiwrnod heulog, a Lili yn ôl ei harfer wedi cyrraedd ar gyfer sesiwn y Cylch Sgwennu'n llawer rhy gynnar, fe barciodd y car a chael sesiwn go hegar o flaen drych y car i blycio'r blew gyda'i thwîsyr. Yn anffodus, pwy oedd yn pasio'r car ar y pryd, ac yn gynnar am y tro cyntaf yn ei fywyd, ond Owen. Cododd ei law arni hi. Y fath gwilydd! Roedd o wedi ei gweld hi wrthi! Peth bach arall na wnaeth Lili ei gysidro, cyn y sesiwn plycio, oedd y byddai hi'n mynd i'r sesiwn ychydig funudau'n ddiweddarach â'i gên yn goch i gyd, fel petai rhywun wedi defnyddio ei gên fel bwrdd dartiau!

Roedd hi wedi dechrau bwrw eto wrth i Lili gerdded yn hamddenol braf allan o'r ystafell gymunedol. Er nad oedd brys arni hi, prysurodd ei chamau er mwyn osgoi'r dafnau glaw a fynnai ganfod eu ffordd at ei gwegil. Edrychodd ar ei horiawr. Tybiai fod Lewis ar ganol ei lwon bellach. Mynnodd wthio'r darlun ohono fo a Karen o'i meddwl. Pob lwc iddyn nhw a'u bywyd newydd. Roedd hithau'n dechrau pennod newydd hefyd. Sut bennod fyddai honno, wyddai Lili ddim. Ond fe wyddai hi un peth, roedd hi'n eithaf edrych ymlaen rŵan at gyrraedd Penlôn a thrio'i ffrog newydd amdani. Edrychai Lili ymlaen hefyd at gael tywallt gwydraid helaeth o siampên iddi hi ei hun, cael powlennaid o fefus a setlo ar y soffa i wylio Wimbledon.

Roedd ganddi lond drôr o greision hefyd y byddai'n bownd dduw o ymosod arnyn nhw cyn diwedd y tenis. Gwyddai y byddai ei chlorian yn gwegian yn y bore. Roedd y menopos wedi ei gwneud hi bron i ddwy stôn yn drymach nag y dylai hi fod. Roedd hi wedi trio anwybyddu'r rholyn newydd o floneg oedd yn eistedd yn hunanfoddhaus o gwmpas ei chanol fel rhyw *rubber ring* blêr. Ond un diwrnod, penderfynodd y byddai'n rhaid iddi ddechrau ymgyrch yn erbyn y bloneg newydd. Wnaeth ei hymweliadau prin â'r *gym* lleol ddim para'n hir iawn. A hithau'n chwysu digon efo'r pyliau poeth, doedd hi ddim yn awyddus i chwysu mwy wrth bwmpio'r peiriannau codi pwysau hefyd. Pasiodd rhai wythnosau cyn i Steve o'r *gym* ei ffonio a dweud,

'Haia Lili! Gweld dwyt ti ddim 'di bod draw i'r sesiynau yn y *gym* ers dipyn, a meddwl sut allwn ni helpu chdi i lunio rhestr neu amserlen fydd yn helpu chdi i gael *will power* i *stick it out*?'

Gwyddai Lili lle yr hoffai hi sticio ei *will power* gachu o. Roedd hi'n amlwg nad oedd gan Steve ddim syniad ei fod yn siarad efo'r arbenigwr ar lunio rhestrau! Cyn iddo gael mynd dim pellach torrodd Lili ar draws ei lith a dweud,

'Dim diolch, Steve. Dwi wedi penderfynu bod yn dew.'

Ond y gwir oedd nad oedd Lili'n hapus gyda'i bloneg newydd ac felly lawrlwythodd ryw ap cerdded ar ei ffôn, heb sylweddoli y byddai, o fewn pythefnos i'w gychwyn, yn gorfod talu £38 yn fisol am yr ap os nad oedd hi'n ei ganslo. Aeth hi ddim pellach na *day one* ar yr ap bondigrybwyll. Gan nad oedd Lili'n dallt sut i lywio ei ffordd o gwmpas yr ap, oedd yn mynnu chwarae rhyw gerddoriaeth hip hop hynod ailadroddus oedd yn gwahodd *migraine*, fe fethodd â chanslo'r taliad. Roedd yr ap yn nodi bod angen pwyso'r *auto-renew* er mwyn canslo'r taliad. Roedd Lili'n methu canfod yr *auto-renew* yn unlle ar yr ap, ac felly roedd hi'n dal i dalu amdano'n fisol er nad oedd hi'n ei ddefnyddio. Roedd hi wedi bwriadu holi Cadi sut ddiawl oedd canslo'r tanysgrifiad, ond wrth gwrs, roedd hi wedi anghofio eto fyth! Crapidicrap! Ta waeth, câi ddechrau meddwl am golli pwysau rywdro eto. Dim heddiw.

Gadawodd Lili'r ystafell gymunedol. Doedd dim sôn am Sue yn ei nyth blêr arferol. Rhaid ei bod wedi hedfan i rywle. Efallai ei bod hi wedi mynd â'r bocs mefus i'w rannu gyda'r bobl ddigartref eraill oedd yn cynyddu fesul diwrnod. Weithiau byddai Sue'n picio i doiledau'r archfarchnad i ymolchi os gallai fynd i mewn heb i un o fownsers y siop ei dal. Oedd, roedd gan hyd yn oed yr archfarchnadoedd fownsers wrth eu drysau erbyn heddiw. I beth oedd y byd yn dod?

Diolchai Lili ei bod wedi gweld ei char yr ochr arall i'r ffordd, achos doedd dim dal y dyddiau yma a fyddai hi'n cofio lle roedd hi wedi ei barcio! Wrth iddi gyrraedd y groesfan, newidiodd y golau gan alluogi'r bws mawr oedd wedi dod i stop i ailgychwyn. Tybed sut olwg oedd ar Lewis bore 'ma yn ei siwt yn y glaw? Cradur!

Safodd Lili yno'n disgwyl am olau'r dyn bach gwyrdd i gael croesi'r ffordd. Ar yr un pryd, drwy gornel ei llygad gwelodd y warden traffig, nad edrychai fawr hŷn na rhyw ddeuddeg oed, yn camu'n llawn rhodres o gwmpas ei char yr ochr arall i'r ffordd. Daria, roedd hi'n hwyr! Dyna hi'n cael ei chosbi am beidio â chadw at derfynau amser. A hithau'n gandryll ulw, doedd dim y gallai ei wneud i dynnu sylw'r diawl warden drama wrth iddo osod tocyn mawr melyn hyll ar fonet ei char ac wedyn symud yn ei flaen ar hyd y stryd i chwilio am droseddwr arall. Cyn i'r dyn bach coch droi'n ddyn bach gwyrdd, i friwio cleisiau niferus y diwrnod, cafodd Lili socsan wrth i lorri Mansel Davies ei phasio a'i thasgu o'i chorun i'w sawdl â dŵr budr. Croesodd y ffordd at ei char yn gwgu ar y pregethwr bach main wrth fynedfa Marks gan fwmial dan ei gwynt, 'Ble ddiawl mae dy Dduw di heddiw, *chief*?'

13.34 y.h.

Llwynog o ddiwrnod oedd hwn. Doedd dim dal sut fyddai'r tywydd o un munud i'r llall. Roedd y glaw wedi dechrau cilio a'r haul yn taro'n llachar ar y tarmac gwlyb nes bron â dallu Lili wrth iddi hi yrru allan o Dre-fach yn ôl am Y Foel. Roedd gwres gwan yr haul wedi sychu rhywfaint arni hi, ond roedd yna ddiawl o olwg arni. Roedd y lorri wedi tasgu'r dŵr butraf posib drosti gan droi ei dillad lliw hufen yn glytwaith blêr o frown. Cofiodd sgwrs y ddau ddyn yng nghaffi Delyth. Daeth i'r casgliad mai amrywiad ar liw *mocha* oedd y baw ar ei sgert, ei siaced a'i dwylo. Pwy fyddai eisiau cyntedd ei dŷ wedi ei beintio'r lliw yma? Wnaeth ei hwyneb hi ddim dianc rhag yr ymosodiad chwaith. Gallai deimlo baw'r dŵr yn gacen sych ar ei bochau a'i gwallt wedi troi'n rhaffau gludiog. Roedd un cysur. Roedd hi ar ei ffordd i'r Foel a doedd ganddi hi ddim bwriad aros i weld neb. Edrychai ymlaen at gael cawod lawn sebon ar ôl cyrraedd adref.

Winciodd yr haul arni, a phe na byddai hi'n gyrru fe fyddai wedi estyn y twîsyr a gadwai yn y car, er mwyn cael sesiwn o blycio ei gên. Teimlodd ei thrwyn. Roedd lwmp y sbotyn yn dal yno o dan y baw. Teimlodd ei gên. Gallai deimlo ambell flewyn gwydn yn mynnu ymwthio drwy'r croen. Diolchai nad oedd hi'n byw yn Oes Fictoria neu gallai'n hawdd fod wedi bod yn denu torfeydd mewn ffeiriau i weld y ddynes farfog, blorog, fwdlyd! Doedd dim amdani ond gadael llonydd i'r blew a'r sbotyn am heddiw. Doedd hi ddim yn bwriadu gweld yr un adyn byw arall y diwrnod hwnnw. Roedd hi am geisio mwynhau ei meudwyaeth.

Estynnodd Lili am ei sbectol haul ym mhoced drws ei char. Roedd oglau bendigedig y mefus ar sedd gefn y car wedi llwyddo i godi ei hwyliau fymryn. Ugain munud bach arall ac fe gâi hi gau'r drws ar y byd, cael cawod, agor y siampên, anwybyddu'r cloc a setlo o flaen y teledu. Gallai feddwl am ffyrdd gwaeth o dreulio diwrnod anodd.

Lai na milltir cyn cyrraedd y gyffordd oedd yn troi am Y Foel, yn y twnnel oedd yn nadreddu ei ffordd o dan y mynydd uwchben, bu'n rhaid i Lili arafu'n ddisymwth. Taflodd ei sbectol haul ar sedd y teithiwr. Craffodd er mwyn gwirio nad oedd ei llygaid yn chwarae triciau â hi. Tarodd oleuadau rhybudd ei char a dod i stop. Yn cerdded i'w chyfarfod ar ganol llinell wen lôn y twnnel, roedd Wilma – yn ei choban binc! Canodd car arall ei gorn yn ddig wrth ei phasio. Cododd Lili hithau ei dwrn ar berchennog y car. Allai o ddim gweld bod yr hen wraig mewn cyflwr truenus? Daeth Lili allan o'i char a rhedeg tuag ati.

'Llosgi 'ta'r pridd? Llosgi 'ta'r pridd?!' gwaeddai Wilma druan a golwg braidd yn orffwyll arni. Cydiodd Lili ym mhapur sidan ei llaw.

'Wilma fach! Be dach chi'n neud yn ganol lôn?'

'Pwy dach chi?' Wyddai Lili ddim ai'r baw ar ei hwyneb olygai nad oedd Wilma'n ei hadnabod neu a oedd Wilma'n cael pwl dwysach na'r arfer o ddrysu.

'Lili drws nesa sy 'ma, Wilma. Dowch rŵan. Dowch i'r car. Dowch efo fi cyn i'r ddwy ohonon ni gael ein lladd.'

Ond doedd dim symud ar Wilma. Erbyn hyn roedd ceir wedi dod i stop ar ddwy ochr lôn y twnnel. Daeth dyn mewn dillad rhedeg allan o'r car y tu ôl i Lili i weld a oedd hi angen help. Roedd blaidd o gi ganddo yn ei Volvo glas yn cyfarth dros y lle. Tybiai Lili ei fod wedi bod yn rhedeg ar y traeth efo'r ci yn ôl yr olwg oedd arno. Roedd o'n ei hatgoffa fymryn o Forest Gump. Edrychodd yntau ar Lili gyda rhyw gymysgedd o ryfeddod a ffieidd-dra. Anwybyddodd ei agwedd ddilornus tuag ati – doedd dim amser i geisio egluro pam roedd y fath olwg arni – a hysbysodd Lili'r dyn ei bod hi'n gymydog i Wilma ac y byddai hi'n mynd â hi adre'n syth. Crychodd Forest Gump ei dalcen a phwyntio at odre coban Wilma oedd yn waed i gyd. Roedd angen mynd â hi i'r ysbyty, nid adre. Mae'n rhaid bod Wilma wedi disgyn. Roedd ganddi friw cas ar waelod ei choes a lwmp ar ei thalcen. Oedd Lili'n iawn i fynd â hi, gofynnodd? Ochneidiodd Lili'n ddistaw iddi hi ei hun. Y peth olaf roedd hi eisiau ei wneud oedd treulio'r prynhawn mewn ysbyty. Ond roedd y dyn yn llygad ei le. Roedd angen sylw meddygol ar Wilma druan.

Llwyddodd y ddau ohonyn nhw i gael Wilma at y car a'i sodro hi'n dwt yn y sedd flaen ar ben sbectol haul Lili a'i malu'n llwyr.

'Aw!' ebychodd Wilma.

'Dim ots. Mae gen i un arall. Un fach rad ydi honno hefyd.'

Ond doedd Wilma ddim yn poeni mwy nag oedd Lili am dorri'r sbectol. Fyddai Lili byth yn gwario'n ddrud ar sbectol haul gan y byddai hi'n eu gadael yn rhywle byth a beunydd, yn union fel y gwnâi hi hefyd efo'i hambaréls a'i menyg. Ym mhrofiad Lili, roedd un peth yn gyffredin rhwng sbectol haul, ambaréls a menyg; fe fydden nhw bownd dduw o ffeindio traed. Diolchai'n ddistaw bach mai eistedd ar y sbectol wnaeth Wilma ac nid ar ei mefus hi. Diflannodd Forest Gump yn ôl i'w Volvo a chychwynnodd Lili'r car. Ond doedd dim yn tycio. *O na! Plis. Paid â marw yn fama. Mewn twnnel. Efo Wilma!* Dechreuodd ambell i gar ganu ei gorn yn ddig. Oni bai am Wilma'n eistedd wrth ei hochr, byddai Lili wedi rhegi arnyn nhw i gyd. Rhoddodd un cynnig arall gan weddïo ar dduw nad oedd hi'n coelio ynddo a diolch i'r drefn, fe gychwynnodd. Trodd Lili drwyn ei char yn ôl am Ysbyty Cyffredinol Dre-fach gyda Wilma'n canu wrth ei hochr,

'Anti Henrietta o Chicago!'

Bu Lili bron â chynnig mefusen i Wilma er mwyn cau ei cheg hi. Ond roedd dwylo Lili'n fochaidd a thybed ddylai Wilma gael bwyd? Beth pe bai angen i'r ysbyty roi triniaeth iddi hi? Rhoddodd Lili radio'r car ymlaen. Roedd gan yr hen gar duedd i neidio i orsaf ar ei fympwy ei hun, a doedd dim newid arno wedyn nes aildanio'r car ar ei daith y tro nesaf. A'r orsaf ddewiswyd gan y car y tro hwn oedd Classic FM. Peidiodd Wilma â chanu a throi at Lili a dweud,

'Symudiad cyntaf, Haydn's Piano Concerto Number Eleven in D Major.' Gwenodd Lili arni a gadael i Wilma werthfawrogi'r gerddoriaeth wrth ei hymyl.

Chymerodd hi fawr o dro i gyrraedd yr ysbyty, ond roedd trio canfod lle parcio yn amhosib a hithau'n gyfnod ymweld. Fedrai hi ddim jest gollwng Wilma ger y fynedfa achos doedd wybod i ble y byddai hi wedi crwydro erbyn i Lili ganfod lle parcio. Cafodd lond bol ar fynd rownd a rownd y maes parcio am yr ugeinfed tro heb obaith canfod bwlch. Doedd dim amdani felly ond parcio ar y pwt glaswellt ar ochr y maes parcio, mor agos ag y gallai at y brif fynedfa. Wyddai Lili ddim a fyddai Wilma'n fodlon nac yn gallu cerdded efo hi i mewn i'r ysbyty. Penderfynodd y byddai'n rhaid iddi gael gafael ar gadair olwyn. Byddai hynny'n hwyluso'r broses. Trodd at Wilma a dweud,

'Dau funud, Wilma. Jyst picio i nôl cadair olwyn.' Ond doedd Wilma ddim yn gwrando. Roedd hi yn ei byd bach ei hun yn mwynhau'r gerddoriaeth. Diolch i Dduw am yr hen Joseph Haydn, meddyliodd Lili. Neidiodd allan o'r car a chloi Wilma ynddo, cyn rhedeg ar draws maes parcio'r ysbyty at y brif fynedfa ac estyn un o'r cadeiriau olwyn segur oedd yno. Erbyn cyrraedd yn ôl at y car, roedd Wilma druan yn cysgu. Bu'n rhaid i Lili ei deffro ac ymateb greddfol Wilma oedd,

'Dwi isio mynd adra!'

'A finna, Wilma. A finna.'

Rhywsut neu'i gilydd, llwyddodd Lili i gael Wilma i eistedd yn y gadair olwyn a'i phowlio hi draw at yr Adran Achosion Brys. Roedd Lili'n chwys domen yn cerdded i mewn i'r ysbyty. Wyddai hi ddim ai'r menopos ynte gwthio'r gadair oedd i gyfrif am yr afonydd o chwys a redai i lawr ei gwar. Cywilyddiai ei bod hi mor fudr, a wnaeth yr hylif glanweithdra ger y fynedfa guddio dim ar y baw ar ei dwylo.

Roedd yr ysbyty'n eithaf prysur a rhes o bobl yn eistedd yn disgwyl cael sylw meddygol ar gyfer gwahanol gyflyrau. Yn eu plith, roedd merch fach yno a'i gwefus wedi chwyddo'n geiriosen fawr goch; hogyn tua'r un oed a'i fraich mewn sling a wnaed o liain sychu llestri go fudr yr olwg; teulu cyfan yn llenwi'r gornel ym mhen draw'r coridor na wyddai Lili'n iawn pa un ohonyn nhw oedd angen sylw; hen ddyn yn ei gwman ynghyd â dynes gymharol ifanc a llond ei phen hi o'r hyn a edrychai fel rolyrs enfawr yn ei gwallt, ond o graffu'n fanylach gwelai Lili mai caniau bach Coke a ddefnyddiwyd ganddi fel rolyrs! Oedd hyn yn ffasiwn newydd, tybed? Roedd o'n sicr yn ffordd dda o ailgylchu hen ganiau! Sylwodd Lili fod yna un peth yn gyffredin rhwng pawb a eisteddai yno; roedden nhw i gyd yn syllu ar eu ffonau. Y peth nesaf, galwyd Sally-Anne i'r ystafell asesu a ffwrdd â hi, a'r caniau Coke yn diara ryfeddol ar ei phen.

Aeth Lili at y ddesg ac aros i 'Becky', yn ôl y bathodyn ar ei blows, orffen ei sgwrs ffôn. Roedd wal wydr yn amgylchynu desg Becky. Synnai Lili fod angen y fath beth, ond mae'n siŵr y byddai'r ystafell hon yn lle tra gwahanol yn nes ymlaen ar nos Sadwrn gydag alcohol yn cyfrannu at wahanol ddamweiniau, doluriau, hwyliau ac amynedd y cleifion a'u teuluoedd. Roedd poster ar y wal y tu ôl i Becky yn rhybuddio pobl rhag rhoi abiws i'r staff. Edrychodd Lili ar wyneb chwyrn Becky. Byddai angen person go ddewr i fentro rhoi abiws i hon. Ymhen hir a hwyr, llusgodd Becky'r gwydr ar draws fel y gallai hi a Lili siarad â'i gilydd. Er gwaethaf caledwch ei hwyneb a'r ffaith iddi fethu'n lân â chuddio ei hymateb i'r olwg fochaidd oedd ar Lili, roedd Becky'n ddigon dymunol. Cofrestrwyd enw Wilma a phowliodd Lili'r gadair at y sedd agosaf gan wynebu'r cloc a'r sgrin a eglurai'r system 'Byrbennu'. Gwelodd Lili mai'r cam cyntaf wrth archwilio Wilma fyddai gweld nyrs fyddai'n asesu ac yna'n blaenoriaethu ei hanafiadau yn ôl difrifoldeb eu cyflwr o gymharu â'r cleifion eraill. Roedd poster arall ar y wal yn nodi fod yr Adran Achosion Brys yn ceisio sicrhau fod pob claf yn cael eu gweld a'u trin o fewn pedair awr. *Pedair awr*!

Peth mympwyol yw amser. Yma yn yr ysbyty, penderfynodd Meistr Amser mai llusgo mynd roedd o am ei wneud. Yn gefndir i'r diflastod, ar sgrin fawr arall yng nghyntedd yr Adran Achosion Brys, roedd hysbyseb hirfaith ar lŵp syrffedus. Yn gweiddi'n groch ar bawb o'r sgrin roedd 'Gwyn' a 'Victoria' fel pe baen nhw'n ceisio cyfathrebu efo plant bach dwl. Ac mae'n siŵr mai dyna oedd y bwriad, manteisio ar bobl fregus yn eu gwendid. A'r hyn roedden nhw'n ceisio'i werthu? Matresi! Yr union beth yr hoffai Lili gael gorwedd arno'r funud honno. Ac nid unrhyw fath o fatresi oedd y rhain. Matresi oedd y rhain oedd wedi eu llenwi â ffôm oedd â'u cof yn llawer mwy dibynadwy nag un Wilma druan. Honnai 'Gwyn' a 'Victoria' mai ar y matres moethus hwn, a wnaed yn yr Eidal, y byddech chi'n sicr o gael 'THE BEST NIGHT'S SLEEP EVER!' Gan siarad yn glir ac yn araf eto, dyma 'Gwyn' a 'Victoria' yn dweud megis deuawd ar un o raglenni Cyw,

'We couldn't be happier with our memory matress. So much so that we are offering you, YES, YOU, an exclusive sixty night comfort guarantee!'

Dilynwyd hyn gan arddangosfa ryfedd o'r dull y gwnaed y matresi. Er mwyn dangos pa mor effeithiol oedd cof y matresi, gyrrodd 'Gwyn' *steamroller* ar hyd y matres gan brofi bod y matres unigryw hwn yn cynnal ei ffurf naturiol er gwaethaf y fath abiws. Aeth pethau dros ben llestri wedyn wrth i 'Victoria' osod tri gwydr llawn o win coch ar un ochr i'r matres a hithau wedyn, fel plentyn ar drampolîn, yn neidio i fyny ac i lawr ar ochr arall y matres heb dywallt diferyn. Dyma brawf arall, gwaeddai 'Victoria', fod y matresi yma'n 'EXCEPTIONALLY CLEVER!' Clyfrach fyth, meddyliodd Lili, fyddai i 'Victoria' yfed y tri gwydraid o win ar ei phen, gwneud ffafr â phawb a gorwedd ar y bali matres a mynd i gysgu!

Ond oedd yna rywbeth yn yr holl lol, tybed? Fe wnâi Lili unrhyw beth yr eiliad honno am gael gorwedd ar wely braf. Fe wnâi unrhyw beth am noson gyfan o gwsg. Roedd yna bymtheg mis o warant ar y matres a phymtheng mlynedd o warant arno wedyn os oeddech chi'n ei gadw ar ddiwedd y cyfnod prawf o bymtheg mis. Ond tybed fyddai Lili, ar ôl halogi'r matres â'i chorff chwyslyd menoposaidd, yn gallu hawlio ei chant a naw deg a naw o bunnoedd yn ôl? Go brin!

Wrth iddyn nhw aros i gael eu galw i'r ystafell asesu, chwiliodd Lili yn ei ffôn am rif Ruth. Gweddïai nad oedd hi wedi mynd ar un o'i hamryfal wyliau. Byddai Ruth yn mynd ar o leiaf ddwy daith llong bleser y flwyddyn. Fedrai Lili ddim dallt pam na fyddai hi'n mynd â'i modryb ar o leiaf un ohonyn nhw. Byddai Wilma wedi bod wrth ei bodd yn gwrando ar yr adloniant fyddai ar y llongau pleser bondigrybwyll 'ma, mae'n siŵr. Byddai yna ddoctoriaid ar gael ar long o'r fath pe byddai Wilma'n cael rhyw anhwylder ac angen meddyginiaeth. Ond pwy oedd Lili i feirniadu Ruth? Pur anaml y byddai Lili'n cynnig mynd efo'i mam i unlle. Mae'n siŵr bod ei mam hi, fel Wilma (ac fel Lili ei hun, er na hoffai gyfaddef hynny), yn dioddef o unigrwydd bob hyn a hyn. Diolch i'r drefn, fe atebodd

Ruth y ffôn a llwyddodd Lili i'w darbwyllo i bicio draw i Ysbyty Dre-fach i ddod at ei modryb.

Erbyn i Ruth gyrraedd (*awr a naw munud* yn ddiweddarach, a hithau ond yn byw wyth milltir i ffwrdd!), roedd Lili'n gwybod sgript 'Gwyn' a 'Victoria' air am air. Yn y cyfamser hefyd, roedd Wilma wedi cael ei hasesu ac wedi cael ei gweld gan ddoctor clên iawn o Jamaica oedd wedi dysgu Cymraeg. Roedd Wilma wrth ei bodd yn siarad efo fo, er nad oedd hi'n dallt llawer ddywedwyd, ac nid bai'r doctor oedd hynny. Gallai Lili weld Wilma'n ymlacio yn ei gwmni ac yn amlwg yn ymddiried ynddo'n llwyr. Dyma ddoctor oedd wedi ei dallt hi; wedi dallt bod y gallu i gyfathrebu gyda'r cleifion yn eu hiaith gyntaf yn allweddol. O ddangos parch at y claf, fe ddangosai'r claf hefyd barch yn ôl at y meddyg. Ond bu'n rhaid i Lili dorri'r sgwrs yn ei blas pan ddechreuodd Wilma holi'r doctor beth fyddai orau ganddo – cael ei gladdu yn y pridd, ynte ei losgi?

Pan lithrodd Ruth yn osgeiddig i mewn i gyntedd yr ysbyty, edrychodd Wilma arni a'i hwyneb yn un cwestiwn. Sylweddolodd Lili'n syth nad oedd gan Wilma'r syniad lleiaf pwy oedd ei nith. Ynte ai smalio peidio cofio yr oedd hi? Ond chwarae teg, roedd yna rai wythnosau ers i Ruth bicio draw i weld ei modryb ym Mhenlôn. A dyma fyddai ei geiriau bob tro y deuai draw: ''Mond picio dwi. Fedra i ddim aros yn hir.'

Edrychodd Lili ar Ruth a cheisio amgyffred sut y gallai rhywun mor llorweddol o hamddenol â hi fod mor denau. Mor annheg. Mae'n amlwg nad oedd y menopos wedi ymosod arni hithau eto. Tybiai Lili nad oedd hi fawr iau na hi. Edrychai mor smart yn ei jîns tyn a'i siaced fach a'i ffitiai hi fel maneg gan ddangos amlinelliad siapus ei chorff maint chwech. Am wrthgyferbyniad rhwng dwy ddynes! Ta waeth, roedd gan Ruth fwy o ddiddordeb mewn gwybod pam bod y fath olwg ar Lili nag oedd ganddi yng nghyflwr ei modryb. Doedd gan Lili ddim llawer o amynedd, a ffarweliodd â'r ddwy wrth iddyn nhw ddisgwyl i Wilma gael mynd am *X-ray* er mwyn sicrhau nad oedd yna niwed wedi ei wneud i'w phen. Roedd y doctor yn eithaf ffyddiog y câi Wilma fynd adref y noson honno. Gobeithiai Lili y byddai Ruth yn mynd â hi i'w chartref hi, neu o leiaf yn fodlon aros efo hi ym Mhenlôn y noson honno.

Cerddodd Lili allan o'r Adran Achosion Brys a draw at ei char. O'r diwedd, fe gâi lonydd i ddilyn ei chynllun i gael cawod boeth a phrynhawn bach diog. Gwnaeth restr feddyliol yn ei phen: Cawod; dillad yn y peiriant; newid i'w ffrog newydd; golchi'r mefus; agor potel o siampên; agor y creision; cau llenni'r lolfa; dechrau'r DVD; anadlu; mwy o siampên...

Roedd hi'n tynnu am ugain munud wedi pedwar a'r diwrnod yn carlamu tuag at y nos. Byddai'n llawn haeddu'r siampên erbyn iddi gyrraedd adref. Cyrhaeddodd y car a stopio'n stond. Fedrai hi ddim coelio. Gallai'n hawdd fod wedi dechrau crio. Roedd rhyw *jobsworth* wedi clampio olwynion ei char. Rhegodd dan ei gwynt, tynnu llun ar ei ffôn o'r nodyn rhybudd a'r manylion ynglŷn â sut i ddadglampio ei char a rhoi'r ffôn yn ôl ym mhoced ei chôt. Mae'n siŵr y byddai cost dadglampio'r car yn fwy na'i werth o. *Paid â chrio. Paid â chrio, Lili.*

Roedd hi wedi dechrau bwrw eto. Edrychodd ar y car. Doedd dim oll y gallai ei wneud. Fe gâi'r car aros yno tan fory. Efallai y câi aros yno am byth. Roedd hi'n benderfynol o gael dilyn ei chynllun i gau'r drws ar y byd a setlo o flaen y teledu a Federer. Doedd dim amdani ond aros am fws i'w chludo hi'n ôl i'r Foel. Byddai'n haeddu gwydraid enfawr o siampên ar ôl hyn i gyd a diolchodd yn ddistaw bach ei bod hi wedi prynu'r Prosecco hefyd. Brasgamodd Lili yn ôl at y fynedfa i nôl cadair olwyn. Pentyrrodd y bocsys mefus, y siampên a'r bag siopa ar ben y gadair olwyn er mwyn hwyluso ei ffordd draw at yr arhosfan bysys. Daeth dau fws o fewn dim, ond doedd y ddau fws ddim yn mynd i'r Foel. Edrychodd ar yr amserlen. Dylai bws rhif pump ddod bob pum munud i'r awr. Roedd hi wedi bod yno'n sefyll am chwe munud yn barod. Un deg naw munud i fynd. Stwffiodd ei dwylo i boced ei siaced i weld oedd ganddi arian mân i dalu am y bws heb orfod twrio yn ei bag i ffeindio'i phwrs. Daria! Yng ngwaelod y boced roedd cownter bach gwyrdd. O diar! Byddai Cecil druan yn benwan!

Wrth iddi ymestyn ei gwddw i weld a oedd sôn am y bws, gwelodd ddau ddyn cyfarwydd yr olwg yn cerdded o dan un ambarél tuag ati hi i gyfeiriad yr Adran Achosion Brys. Roedd y ddau yn eu carpiau gorau, gydag un ohonynt i'w weld fel pe bai wedi colli ei olwg ar llall yn ei dywys yn ofalus ar draws y llain parcio. Bu'n rhaid iddi hi edrych ddwywaith wrth sylweddoli mai Owen oedd y tywysydd! A'r dyn arall a gerddai'n ddall efo Owen oedd Lewis, yn ei siwt briodasol! Ond nid y Lewis roedd hi'n ei adnabod oedd o.

Wrth iddynt nesáu, gwelodd Lili fod llygaid Lewis wedi chwyddo fel mai dim ond holltau bach cul oedd yn lle'r llygaid. Doedd dim syndod ei fod angen rhywun i'w dywys. Erbyn hyn roedd y ddau o fewn tafliad carreg iddi hi. Gweddïai na fydden nhw'n ei gweld hi gyda'r fath olwg arni, ac eto cafodd ei chwilfrydedd y gorau arni. Cyn iddi gael gofyn beth oedd wedi digwydd, fe gafodd Owen y blaen arni a gwên fawr ddireidus yn lledu ar draws ei wyneb.

'Lle ti'n mynd, Lili?'

'Lle *ti'n* mynd? Be sy 'di digwydd i ti, Lewis? A be am y briodas?' Nid atebodd Lewis. Doedd o prin yn gweld. Eglurodd Owen,

'Y ceffylau.'

'Y ceffylau?' meddai Lili.

'Oes 'na garreg ateb yma?' meddai Lewis yn sarrug. Ac yna fe ddalltodd Lili beth oedd wedi digwydd a mentrodd ofyn,

'Ceffyl a chart?' a nodiodd Owen ei ben. Ie, wrth gwrs. Roedd ceffyl a chart wedi hebrwng Owen a Karen o'r gwasanaeth priodas i'r gwesty lle roedd y neithior. Roedd gan Lewis alergedd i rai anifeiliaid. Mae'n amlwg nad oedd gan Karen *antihistamine* wrth law i ladd y frech yn ei hegin. Fe ddôi Karen y Carer i ddallt yn ddigon buan bod angen bocs cymorth cyntaf arni hi ar gyfer pob achlysur efo Lewis! Er teimlo peth tosturi, roedd hi'n anodd gan Lili ac Owen guddio gwên fach.

'Mae'r mefus 'na'n edrych yn neis. Am wneud jam wyt ti? 'Sgen ti un bach i sbario?' gofynnodd Owen yn smala. Estynnodd Lili'r bocs ato. Ond roedd dwylo Owen yn llawn, efo Lewis oedd fel iâr dan badell yn glynu ato ac ambarél yn y llaw arall. Amneidiodd Owen arni hi i roi'r fefusen yn ei geg.

'Mae 'nwylo i'n fudr.'

'Dim ots.' Gwridodd Lili wrth estyn mefusen fawr goch i'w geg.

'Bendigedig,' meddai Owen yn trysori'r fefusen a chan wenu'n ddrygionus ar Lili. Teimlai Lili ei hun yn cochi'n waeth. Mae'n siŵr ei bod hi'r un lliw â'i sgidiau erbyn hyn. *O na! Dim pwl o chwysu rŵan, plis?* Ond tybiai mai embaras oedd achos y gwrido y tro hwn, ac nid y menopos. Aeth Owen yn ei flaen gan anelu ei gwestiwn yn uniongyrchol at Lili,

'Oeddet ti'n gwybod mai mefus ydi'r unig ffrwyth efo'i hadau ar y tu allan?' Ysgydwodd Lili ei phen. Doedd hi ddim am fentro dweud bod mefus, yn ôl Sheila, yn cynrychioli statws bywyd carwriaethol rhywun a'i fod yn gyfystyr ag 'I can't find Mr Right!' Aeth Owen yn ei flaen,

'Mae 'na ryw alegori yn fanna. Dwi ddim yn siŵr iawn be, chwaith! Ella gawn ni drafod yn y Cylch Sgwennu nesa. Ac oeddet ti'n gwybod hefyd mai mefus ydi symbol y dduwies Fenws o gariad a nwyd?'

'Nag o'n,' meddai Lili fel hogan fach ddiniwed. Torrwyd ar eu traws gan lais piwis Lewis,

'Esgusodwch fi, ond mae gen i barti priodas i fynd iddo!' Winciodd Owen ar Lili a gafael yn dynnach yn ei frawd yng nghyfraith newydd cyn dweud,

'Mi awn ni i sortio hwn reit handi, Lewis, i ni gael mynd yn ôl i'r gwesty!'

'Wpidwpidw!' meddai Lili'n ffug lawen cyn ychwanegu'n ddiffuant, 'Pob lwc!'

Dechreuodd Owen hebrwng Lewis draw at y fynedfa. Er gweld ochr ysgafn yr holl beth, doedd Lili mewn gwirionedd ddim yn dymuno drwg i Lewis, felly pam ei bod hi'n ddistaw bach yn llawenhau'r mymryn lleiaf un bod diwrnod ei briodas wedi troi'n un helbulus? Ai'r menopos oedd yn ei gwneud hi fel hyn ynte oedd hi'n hen bitsh bach beth bynnag? A doedd hi ddim yn hoffi cyfaddef iddi hi ei hun, ond roedd yr eiliad yna o gyswllt llygad rhyngddi hi ac Owen wrth iddi fwydo'r fefusen, symbol y dduwies Fenws o gariad a nwyd, i'w geg wedi rhoi rhyw wefr ryfedd iddi hi. Peth cymhleth ydi'r natur ddynol, meddyliodd, a rhoi clamp o fefusen fawr goch yn ei cheg a dechrau ei hymarferiadau Kegel. Yn y pellter gwelai fws rhif pump i'r Foel yn gyrru ati hi o dan bont o enfys a throi am yr ysbyty. Roedd o dri munud yn hwyr!

17.28 y.h.

Erbyn i'r bws gyrraedd Y Foel, roedd y glaw wedi cilio a baneri'r carnifal yn chwifio'n lliwgar ac yn rhy lawen o lawer o un polyn lamp i'r llall. Daria! Roedd hi wedi amseru cyrraedd adre'n wael. Gwelai bobl yn ymlwybro o'r Neuadd Goffa. Mae'n rhaid bod y ffair sborion wedi dod i ben. Yn eu plith, yn llong hwyliau o *linen* a siwmper ddrud oedd â mwy o dyllau ynddi nag o wlân, roedd ei mam a llond ei hafflau o gacennau. Suddodd Lili'n is i'w sedd a llwyddo i osgoi cyswllt llygad efo'i mam. *Dim rŵan, plis.* Roedd hi'n meddwl y byd ohoni, ond fe fyddai angen llond bwced o egni i ddelio efo'i mam fel arfer a doedd gan Lili ddim llond ecop y munud hwnnw. Heddiw, roedd hi angen llonydd. Fe âi hi draw i weld ei mam fory.

Chwyrnodd y bws drwy brif stryd Y Foel a'r gyrrwr yn diawlio'r ceir oedd wedi parcio'n igam-ogam ar hyd y stryd. A hithau'n tynnu am hanner awr wedi pump o'r gloch, roedd Tecawe Wonder Wok ar fin agor. Deuai pobl o bell ar y penwythnos i archebu bwyd yno gan droi'r stryd yn gyflafan o foduron. Roedd problem parcio'r pentref ar gynnydd, gyda mwy a mwy o bobl yn symud i'r ardal gan ddod â'u casgliad ceir efo nhw. Idwal oedd pen bandit y gwrthwynebiad i barcio yn y pentref. Dechreuodd ddeiseb rai wythnosau ynghynt i osod llinellau melyn ar hyd y stryd ac yn sgil hynny dynnu nyth cacwn i'w ben.

Idwal oedd fflam bob ffrwgwd yn y pentref. Roedd gan Lili gydymdeimlad â'i ymgyrch. Synnodd at haelioni ei meddyliau tuag at Idwal. Llongyfarchodd ei hun am fod mor raslon. Doedd hi ddim yn ddrwg i gyd felly, yn nag oedd? Ddim yn hen ast? Myfyriodd eto. Ble fyddai trigolion yr holl dai yn parcio pe llwyddai deiseb Idwal a phe gosodid llinellau melyn ar hyd y stryd? Roedd perchnogion siop Spar, siop trin gwallt Alwena, tafarn yr Albert, tecawe Wonder Wok, Y Llechen a'r cigydd ar y stryd yn chwyrn yn erbyn y ddeiseb a phawb yn melltithio Idwal am gychwyn y fath ffrae. Barn Lili oedd y byddai'n rhaid diogelu a datblygu trafnidiaeth gyhoeddus y sir cyn mentro cosbi gyrwyr ceir. Ond gyda'r holl doriadau diweddar i wasanaethau'r sir, doedd defnyddio'r bysys cyhoeddus ddim yn opsiwn ymarferol i neb oedd yn gorfod cyrraedd eu gwaith yn Nhre-fach neu'r trefi cyfagos ar amser call.

Wrth iddi feddwl hyn, yn eironig iawn daeth bws rhif pump arall drwy'r pentref. Stopiodd bws Lili eto wrth roi lle i'r bws i Dre-fach wasgu ei ffordd drwy'r stryd. Roedd y ddau gerbyd mor agos fel y gallai weld lliw llygaid y teithwyr ar y bws arall. Roedd dynes yn eistedd gyferbyn â hi, bron fel drych i Lili, yn syllu drwyddi hi. Roedd hi tua'r un oed â Lili, mae'n siŵr, ac roedd golwg wedi cael llond bol arni hi. Gallai Lili adnabod rhywun oedd ar y menopos o bell. Byddai ei thalcen hi'n sgleinio'n dragywydd a byddai golwg ar goll arni wrth iddi ryfeddu sut y gallai fod wedi bod yn ifanc, egniol a siapus ddoe ac wedyn deimlo mor hen, blinedig a thew heddiw. I ble'r aeth y blynyddoedd da i gyd? Ai dyma oedd tynged pob dynes ganol oed?

Byddai Lili'n arfer dweud wrth aelodau ei chylch sgwennu nad oedd awdur byth *off duty*. Dylai unrhyw un oedd yn awyddus i sgwennu droi pob amser wast neu amser marw, wrth ddisgwyl am fws neu drên, neu wrth sefyll mewn ciw, yn amser creadigol gan ymarfer sgiliau arsylwi. Chwarddodd Lili iddi hi ei hun yn ddistaw fach wrth feddwl pa mor ffuantus roedd hi'n swnio fel arweinydd y Cylch Sgwennu. Pwy oedd hi'n ei dwyllo? Doedd hi ddim hyd yn oed yn ufuddhau i'w chyngor ystrydebol ei hun! Sut oedd disgwyl i'r aelodau wneud camau breision yn eu sgwennu a hithau'n arweinydd mor giami arnyn nhw?

Erbyn hyn roedd ei mam wedi cerdded i ben draw'r stryd, wedi pasio'r ciw y tu allan i Wonder Wok (*roedden nhw'n hwyr yn agor!*) ac wedi gweld Lili. Fedrai hi ddim chwifio ei llaw gan fod ei dwylo'n llawn o gacennau, ond gwelai Lili drwy wên ei mam ei bod hi, yn ogystal â bod yn falch o'i gweld, hefyd yn ceisio dyfalu beth roedd Lili'n ei wneud ar fws! Roedd Gwenda Daniels yn adnabod ei merch yn ddigon da i wybod na fyddai hi'n dibynnu ar fws i fynd â hi i Dre-fach i arwain sesiwn sgwennu, gan y gwyddai y byddai Lili wedi cael panig llwyr wrth feddwl y byddai yna bosibilrwydd bach iddi fod yn hwyr! Byddai Lili'n fwy tebygol o dalu ffortiwn am dacsi'r holl ffordd yno yn hytrach na mentro bod eiliad yn hwyr! Tybed oedd hen Escort Meurig druan wedi chwythu'i blwc o'r diwedd?

Cyfarfu eu llygaid a chododd Lili ei llaw ar ei mam. Eiliadau'n ddiweddarach, gwelai Lili, drwy ffenest y bws, yr allt fach droellog at ei thŷ. Er syndod iddi, gwelai ei mam yn dringo'r allt fel bwled. Lle goblyn oedd hi'n cael yr holl egni? Sut wnaeth y menopos ei heffeithio hi, tybed? Mae'n rhaid fod yna fywyd ar ôl y menopos, oedd 'na ddim? Byddai'n rhaid iddi holi ei mam. I ble oedd hi'n mynd rŵan? Fyddai ei mam hi byth yn cerdded os nad oedd rhaid. Byddai hi'n mynd â'i char i fyny'r grisiau i'w llofft bob nos pe gallai. Doedd bosib ei bod hi am alw i'w gweld hi? Ddim rŵan? Cynyddai digalondid Lili wrth weld pob gobaith am encilio a threulio'r noson efo Federer yn pylu. Byddai'n rhaid iddi hi dynnu sgwrs efo'i mam os oedd hi wedi cerdded at ei thŷ. Gwyddai y dylai ei gwadd i'r tŷ. Ond roedd hi'n benderfynol o drio dilyn ei chynllun am lonydd a chau'r drws ar y byd mawr tu allan. Roedd Gwenda Daniels yn ddynes go bengaled ac yn sicr ddim yn un i'w chroesi, ond byddai'n rhaid iddi ddeall a derbyn anghenion ei merch heddiw.

Canodd Lili'r gloch i rybuddio'r gyrrwr ei bod hi eisiau gadael y bws yn yr arhosfan nesaf, sef yr un agosaf at geg lôn Penlôn. Gwrandawodd ar y llais robotaidd awtomatig yn cyhoeddi: 'Arhosfan nesaf: Ffordd Penlôn.' A llais gwahanol wedyn yn cyhoeddi: 'Next stop: Ford Peenlone.' Pam na allai'r cwmni bysys fod wedi gofyn i'r Cymro wneud y cyhoeddiadau Saesneg hefyd? O leiaf wedyn byddai'r ynganiad yn gywir yn hytrach na bodloni ar recordio nonsens pur. Oedden nhw ddim yn gwybod bod Cymry Cymraeg hefyd yn gallu siarad Saesneg, a siarad mewn acen fyddai'r bobl leol yn ei dallt?

Camodd Lili oddi ar y bws. Cael a chael oedd hi iddi gadw ei gafael ar ei holl drugareddau. Doedd hi ddim yn siŵr iawn sut y byddai hi'n llwyddo i gario'r holl nwyddau at y tŷ, er nad oedd o'n bell iawn. Anhylaw oedd ei llwyth yn hytrach na thrwm. Bu'n rhaid iddi osod ei basged, ei siampên, ei Phrosecco a'r bocsys mefus ar y pafin yn ofalus er mwyn ailosod popeth fel y gallai geisio eu cludo i fyny'r allt yn ddidramgwydd ac yn ddidrychineb. Doedd hi ddim am ollwng ei photeli bybls am bris yn y byd. Wrth iddi ddechrau straffaglu i fyny'r allt yn chwys domen, pwy oedd yn sboncio i lawr yn ei Chorsa bach coch ond ei mam. Stopiodd y car ar waelod yr allt ac agorodd Gwenda Daniels ei ffenest.

'Lle ti 'di bod? Lawr pwll glo? Sbia golwg arnat ti. Lle mae'r car?' Gormod o gwestiynau! Ble roedd dechrau?

'Stori hir, Mam. Be dach chi'n da yn fama?'

'Doedd 'na'm lle i barcio wrth y Neuadd Goffa, felly nes i jansio parcio'n dy le di. Neidia mewn ac a' i â chdi fyny at y tŷ. Mae hi wedi bod yn ddiawl o bnawn, fasat ti ddim yn coelio!'

Beth bynnag oedd hanes prynhawn ei mam, doedd bosib y gallai fod wedi bod cynddrwg â diwrnod Lili hyd yma. Chwarae teg iddi hi, daeth ei mam allan at y pafin i'w helpu i lwytho'r car.

'Am wneud jam wyt ti?'

'Chi ydi'r ail berson i ofyn hynna, Mam!' meddai Lili gan sodro'i hun yn sedd teithiwr y Corsa. Taniodd Gwenda'r car, a daeth llais Rhys Meirion yn canu 'Anfonaf Angel' dros bob man.

'Dach chi'n meindio os dwi'n diffodd hwn, Mam?' gofynnodd Lili gan ddiffodd y peiriant beth bynnag. Roedd Gwenda Daniels mewn cariad angerddol efo Rhys Meirion, ond doedd Lili jyst ddim yn y mŵd. Ddim heddiw.

Gyrrodd Gwenda'r car i'r brif lôn a gwneud *twenty point turn* yng nghanol y stryd wrth i yrwyr ceir, lorïau a bysys y fro ei melltithio. Mae'n siŵr fod nifer ohonyn nhw eisiau brysio er mwyn cyrraedd adre a'u bwyd o Wonder Wok yn dal yn boeth. Gallai Lili deimlo cynddaredd y gyrwyr oedd wedi gorfod stopio'r naill ochr i'r Corsa. Efallai y byddai angen anfon angel at y ddwy ohonyn nhw, meddyliodd Lili, wrth afael yn sownd yn nrws y car a'i hanadl wedi'i ddal yn ei gwddw.

Gwenu ar bawb wnaeth Gwenda. Doedd dim byd mwy effeithiol yn nhyb ei mam na gwenu'n ddel ar bobl flin. Erbyn hyn roedd y car yn wynebu'r ffordd iawn i ddringo allt Penlôn a Lili'n dechrau anadlu eto. Roedd holl helyntion y diwrnod yn bygwth cael y gorau arni a dechreuodd deimlo'n emosiynol wrth iddi ailadrodd rhywfaint o'r hanes ac egluro wrth ei mam am y lorri a'r dŵr, y tocyn parcio, helyntion Wilma, y car yn cael ei glampio, cyn dweud wedyn am Lewis a'i alergedd. Chwerthin yn harti wnaeth ei mam a bu'n rhaid i Lili ymuno efo hi drwy ei dagrau. Doedd Gwenda Daniels erioed wedi bod yn rhy hoff o Lewis, ac roedd hi o'r farn bendant y gallai Lili fod wedi gwneud dipyn gwell iddi hi ei hun na chlymu ei hun i'r llabwst diog hwnnw! Roedd hi hefyd yn adnabod ei merch yn o lew, a gallai weld fod Lili'n o fregus a hynny'n ei chymell i ddweud wrthi,

'Reit. Dos i'r tŷ. Mi dollta i jinsan fawr i chdi a fi, cymera di gawod sydyn, rho lipstig ymlaen a fyddi di ddim yr un un.'

Llwyddodd Lili i daflu gwên wantan at ei mam. Lipstig coch oedd ateb ei mam i sawl creisis. Os oedd gan Gwenda Daniels lipstig coch ar ei gwefusau, doedd fawr o ots ganddi am weddill ei gwedd. Lipstig coch a byddai hi'n barod i wynebu'r byd! Am unwaith, roedd Lili'n eithaf balch o weld ei mam yn tra-arglwyddiaethu drosti! Roedd hi'n anodd cario'r byd ar ei hysgwyddau ar ei phen ei hun bach a byddai cario'r holl daclau i fyny at y tŷ wedi bod yn dipyn o gybôl, ac roedd y syniad o gael jinsan go fawr ar ôl cawod gynnes yn apelio'n arw. Fe roddai lipstig coch ar ei gwefusau hefyd os oedd hynny'n plesio ei mam. Byddai'r lipstig yn matsio ei phloryn hi! A dyna'i mam wedi llwyddo i godi mymryn bychan bach ar ei hysbryd yn barod. Efallai i Rhys Meirion anfon ei mam fel ei hangel gwarcheidiol! Roedd Lili am drio'i gorau glas i beidio â bod yn hen ast. Roedd hi am drio bod yn Lili lon lawen, fel y byddai ei thad yn ei galw pan oedd hi'n ferch fach. Byddai cael cwmni ei mam am hanner awr fach cyn fflopio ar y soffa wedyn i wylio Wimbledon yn ddigon dymunol ac yn lleddfu fymryn ar y cwmwl unigrwydd mawr roedd hi'n smalio nad oedd yno, uwch ei phen.

Wrth i'w mam wneud llanast o barcio'r car a *chippings* bach gwerthfawr Idwal yn tasgu ar hyd y lle, gwelai Lili ei chymydog yn rhythu'n frawychus o flin o ffenest ei lofft. Cododd mam Lili ei llaw arno a thaflu'r wên letaf bosib ato. Diflannodd gwên Lili wrth weld BMW coch yn pasio a pharcio o flaen y tŷ nesaf. Fedrai hi ddim coelio. Dyna lle'r oedd Ruth a Wilma'n codi llaw'n frwd arni hi! Byddai'n rheitiach i Lili fod wedi aros yn yr ysbyty a chael lifft yn ôl efo nhw yn hytrach na straffaglu ar y bws, ond fyddai hi ddim wedi gweld Owen wedyn, yn na fyddai! Am eiliad, daeth y ddelwedd freuddwydiol *slo-mo* yn ôl iddi eto ohoni hi'n ei fwydo o dan yr ambarél a gweld, wrth iddo frathu'r mefus, ei dafod yn llyfu'r sudd coch melys oddi ar ei weflau a'i ddannedd gwynion yn pefrio. Roedd Mercedes yn ddiawl o ddynes lwcus.

Diflannodd y ddelwedd hyfryd yn sydyn iawn wrth i Lili a'i mam ddod o'r car yn llond eu dwylo a gweld bod Ruth yn taer geisio denu'r ddwy am baned i'r tŷ. Gwrthododd Lili'n bendant. Eglurodd wrth Ruth fod ganddi hi a'i mam gynlluniau am y noson a bod yn rhaid iddi hi gael cawod cyn gwneud dim. Ond o na! Roedd gan ei mam syniadau gwahanol. Suddodd calon Lili i'w sgidiau, ac am un eiliad fach dymunai daro hoelen rydlyd yn ddwfn i benglog dwl ei mam. Hedfanodd ei bwriad i beidio â bod yn hen ast drwy holl ffenestri'r byd wrth glywed ei mam yn dweud,

'Ruth! Helpwch ni efo'r llwyth 'ma, wnewch chi? Reit, dos di am gawod, Lili. Mae golwg y gybo-lol arnat ti. A dewch chitha'ch dwy i'r tŷ i gael darn bach o gacen i ddathlu bod Wilma wedi cael dod adra, ac i minna gael deud hanes fy mhrynhawn helbulus inna.'

17.48 y.h.

Teimlai Lili ei thraed yn oeri wrth iddi fynd i mewn i'r ystafell ymolchi. Doedd hi ddim wedi camu i'r gawod eto, ond roedd ei thraed hi'n wlyb! Diferai'r tap diffygiol o hyd ac erbyn hyn roedd pwll bach wedi dechrau cronni'r tu allan i'r gawod. Rhegodd Lili dan ei gwynt. Doedd hyn yn dda i ddim. Gosododd dywel ar y llawr i amsugno rhywfaint ar y gronfa a chamu i'r gawod. Trodd y deial i'r pen a gadael i'r dŵr cynnes lifo drosti a'i golchi'n lân. Bu'n rhaid sgrwbio dipyn ar ei hwyneb i gael gwared â'r gacen o fwd oedd fel masg amdani hi. Ceisiodd sgrwbio ei thempar hefyd. Beth ddaeth dros ei mam yn gwadd Wilma a Ruth i mewn i'r tŷ? Oedd hi'n dial yn fwriadol arni am rywbeth? Un peth oedd newid trefniadau ei gyda'r nos bach tawel i gynnwys ei mam, ond Wilma a Ruth hefyd? Pam ddim gwadd Idwal a Vera i'r diawl hefyd a chael seiat efo pawb o'r pentra trwy'r nos?

Oni bai am y ddelwedd o jinsan fawr yn ei disgwyl yn y gegin, byddai Lili wedi oedi'n hwy yn y gawod. Roedd hi'n blydi haeddu'r jinsan. Diffoddodd y dŵr gan geisio anwybyddu'r diferion oedd yn mynnu ychwanegu at y gronfa o dan ei thraed ac ar lawr yr ystafell ymolchi. Fedrai hi ddim wynebu'r peth rŵan. Roedd Lili'n dipyn o arbenigwr ar roi ei phen yn y tywod. Fe sortiai hi'r dŵr a dadglampio ei char ddechrau'r wythnos. Efallai, dim ond efallai, y dechreuai hi gael trefn arni'i hun hefyd.

Lapiodd Lili dywel mawr amdani a mentro ar flaenau ei thraed am y llofft gan adael olion tywyll ei thraed gwlyb ar garped golau'r grisiau. Roedd hi wedi gobeithio y byddai Wilma a Ruth wedi mynd adref erbyn iddi hi ddod o'r gawod, ond gallai glywed y tair yn y gegin yn mynd i hwyl. Oedden nhw ar eu hail jin yn barod? Druan o Mrs Dalloway'n cael ei byddaru gan y tair. Oedodd ar y grisiau am eiliad a chlustfeiniodd eto. Roedd hi'n anodd clywed y geiriau'n iawn, ond deallodd un frawddeg gan ei mam:

'Mi wnaeth o farw'n gelain o 'mlaen i. Jyst fel 'na!'

Am bwy oedd hi'n sôn, tybed? Roedd un peth yn sicr, doedd dim arwydd o symud ar Wilma a Ruth a thybiai Lili fod ei mam yn ei helfen yn cael y fath gynulleidfa ufudd yng nghledr ei llaw. Ar hynny, dechreuodd Wilma ganu 'Anti Henrietta o Chicago' unwaith eto, ond y tro hwn efo Gwenda a Ruth yn ymuno efo hi.

Dringodd Lili'r grisiau a'i phen yn ei phlu. Cyrhaeddodd y llofft ac eistedd ar erchwyn y gwely. Daria! Doedd dim dillad ar y gwely. Roedden nhw'n dal yn y peiriant. Byddai'n rhaid iddi wneud y gwely cyn iddi nosi – un o'i chas orchwylion, yn enwedig gan y byddai'r pwl poeth yn bownd o gyd-daro â'r frwydr rhyngddi hi a'r dwfe. Efallai y byddai ei mam yn ei helpu. Estynnodd Lili am ei ffôn a thecstio ei mam,

Newch chi gael gwared ar Wilma a Ruth, plis?
Dwi'm isio nhw yma!

Cododd Lili o'r gwely a chofio am 'Gwyn' a 'Victoria'. Na, doedd dim cof arbennig gan ffôm matres ei gwely hi.

Roedd pant o hyd yn dangos ble yn union y bu ei phen ôl nid ansylweddol hi ac roedd awgrym o sbring yn ymwthio drwy ran arall o'r matres. Doedd ryfedd nad oedd hi'n cysgu'n dda. Tybed fyddai hi'n syniad iddi fuddsoddi yn un o'r matresi yma? Fyddai hynny'n datrys ei nosweithiau di-gwsg? Diawliodd ei hun am lyncu celwyddau 'Gwyn' a 'Victoria.'

Agorodd Lili ei drôr dillad isaf ac estyn am y pâr mwyaf cyfforddus oedd ganddi. Roedd ei nicyr fel Pabell y Cymdeithasau amdani ac o mor braf! Nicyrs Bridget Jones! Tynnodd y ffrog fach las newydd allan o'r bag, rhwygo'r label a thynnu'r ffrog dros ei phen, ond aeth yn sownd ar ei hysgwyddau. Crapidicrap! Dechreuodd Lili hopian o gwmpas y llofft wrth iddi geisio'i rhyddhau ei hun o'r ffrog. Doedd dim yn tycio. Mae'n siŵr ei bod hi'n edrych fel pe bai hi'n gwneud rhyw ddawns fasocistaidd wrth iddi geisio tynnu'r ffrog dros ei chorff. Dechreuodd chwysu. Dechreuodd ochneidio. Dechreuodd grio. Aeth popeth yn drech na hi.

Doedd hi ddim yn un i ildio i ddagrau'n aml. Oedd hi'n dioddef o iselder neu ai'r menopos oedd achos y tywyllwch mawr yma o'i chwmpas ymhobman? Ai'r menopos oedd y rheswm bod pob diwrnod yn un llanast mawr a diawl o ddim byd yn mynd o'i phlaid? Yr agosaf roedd hi wedi bod at y pwynt yma o ddigalondid llethol o'r blaen oedd pan fu farw ei thad. Y cyfan roedd hi eisiau ei wneud bryd hynny oedd sgrechian dros bob man. Dim hormons oedd y bai'r tro hwnnw. Dim ond galar a gwacter amrwd, creulon. Ac fe ddysgodd Lili fod galar yn brosiect tymor hir; tymor hir iawn.

Roedd ei mam wedi bwriadu cael gwared ar Escort ei

gŵr pan fu Meurig Daniels farw'n ddisymwth, ond fe ofynnodd Lili allai hi ei gael o. Nid y car ei hun oedd yr atynfa, ond bod oglau sigârs ei thad yn mynnu glynu wrth y seddi a hynny'n gysur i Lili wrth glywed oglau ei thad o'i chwmpas o hyd. I ble bynnag yr âi hi yn yr hen gar, teimlai fod ei thad yno efo hi. Ceisiai anwybyddu'r ffaith amlwg fod dyddiau'r hen gar wedi eu rhifo. Rhyw gwyno hercio mynd o un lle i'r llall wnâi o bellach, ac roedd rhwd yn lledu'n glytwaith artistig fel un o ddarluniau Elfyn Lewis ar hyd corff y car. Oedd unrhyw ddiben mynd i'w nôl o'r ysbyty, tybed? Fyddai hi'n gallu fforddio prynu car arall? Efallai y dylai brynu beic. Byddai hynny'n un ffordd o gadw'n heini. Ond cyndyn oedd Lili mewn gwirionedd i ffarwelio â char ei thad.

Ers iddi symud i rif dau Penlôn, roedd hi wedi methu â chanfod cerdyn hyfryd efo llun Castell Dolbadarn arno a gafodd gan ei thad yn dymuno pob lwc iddi yn ei harholiadau Meistr. Roedd hynny ychydig flynyddoedd cyn iddo farw. Roedd ei mam i ffwrdd ar wyliau yn Madeira efo'i chwiorydd ar y pryd ac felly dyna'r unig gerdyn a dderbyniodd gan ei thad erioed. Ei mam fyddai'n arfer gohebu. Roedd Lili wedi chwilio o bant i dalar am y cerdyn. Ond doedd dim sôn amdano'n unlle. Mae'n rhaid ei fod wedi mynd ar goll yn rhywle wrth symud i'r tŷ newydd. Fe roddai Lili'r byd am gael gweld y cerdyn eto. Un cyswllt bach bregus efo'i thad.

Yn y cyfamser, roedd hi'n dal yn sownd; wedi ei chaethiwo fel pe mewn *straightjacket* yn y ffrog *lapis lazuli*. Ymhen hir a hwyr, ar ôl sawl ymdrech a chyda gofal mawr, gan ddal ei gwynt er mwyn tynnu ei bol i mewn, llwyddodd Lili i dynnu'r ffrog dros ble buodd ei gwast hi ers talwm a thros ei thas wair o ben ôl! Daliodd ei gwynt eto. Daria! Roedd beryg iddi hi heiperfentiletio fel hyn. Roedd y ffrog mor, mor dynn! Byddai'n well pe bai hi wedi dewis y maint mwy, dri maint yn fwy!

Mentrodd edrych arni hi ei hun yn y drych. Doedd hi prin yn nabod yr hen wraig fawr dew â'r gwallt gwlyb a edrychai'n ôl arni mor ddigalon. A doedd hi'n sicr ddim yn edrych ddim byd tebyg i Mirka Federer. Sut y gallai honno, oedd wedi cael efeilliaid, edrych mor siapus tra oedd Lili'n ddi-blant ac yn edrych fel metron ar steroids! Craffodd Lili eto ar y ddrychiolaeth yn y drych. Roedd lliw'r ffrog yn dlws, ond roedd hi'n dangos pob pechod. Edrychai Lili fel dynes oedd saith mis yn feichiog. Roedd Rosie'n edrych yn well yn y ffrog fach las nag oedd Lili. Dyna ni. Dyna ddigon. Byddai'n rhaid iddi hi fynd ar ddeiet. Dim mwy o bethau melys.

Clywodd glep y drws ffrynt. Sbeciodd drwy ffenest ei llofft ac er mawr ryddhad iddi, gwelodd Ruth a Wilma'n troi am drws nesaf. Haleliwia! *Da iawn, Mam!* Sychodd Lili ei dagrau, ymwroli a phlygu i wisgo ei sgidiau bach lliw hufen. Wrth iddi wneud hynny, clywodd sŵn rhwyg yng nghefn y ffrog. Cachu hwch! Trodd ei chefn ar y drych i weld a allai weld oedd y rhwyg yn amlwg. Amlwg? Roedd o fel mellten yn rhwygo drwy awyr las. Doedd dim amdani ond estyn am gardigan fawr o'r cwpwrdd a'i gwisgo i guddio'r rhwyg a'r bloneg. Edrychai fel hipi fawr dew. Ta waeth. Dim ots. Dim ond ei mam hi oedd yma. Byddai clamp o jinsan fawr yn bownd dduw o godi ei hwyliau hi. A doedd 'na ddim cymaint o galorïau mewn jin ag oedd yna mewn llawer o ddiodydd eraill. Wnâi un jin anferthol fawr ddim drwg.

Taflodd olwg sydyn arall arni hi ei hun yn y drych. Roedd hi wedi anghofio'r lipstig. Estynnodd am y drôr bach a chanfod hen lipstig coch ynghanol yr hen golur, y bocsys Lil-Lets, y botymau a'r geriach blêr i gyd. Taenodd y lipstig ar hyd ei gwefusau a'i gochni yn ei hatgoffa hi o'r mefus ar wefusau Owen yn gynharach y prynhawn hwnnw. Taflodd y lipstig yn ôl i'r drôr a sychu'r lliw oddi ar ei gwefusau. Roedd hi'n edrych fel clown.

Cyn mentro i'r gegin at ei mam, piciodd Lili at y peiriant golchi dillad a symud dillad gwlyb y gwely i'r peiriant sychu. Erbyn cyrraedd y gegin, gwelai fod ei mam wedi gwneud paned o de ac wedi gosod y bwrdd yn llawn o gacennau. Rhythodd Lili ar y bwrdd a'r tebot ar ei ganol.

'Be dach chi'n neud, Mam? Lle mae'r jin?'

'Meddwl wnes i wedyn, mae jin yn gallu gwneud rhywun yn dipresd, tydi? 'Sa panad yn well i ti heddiw, Lili. Ti'm yn meddwl?'

Nag oedd, doedd Lili ddim yn meddwl y byddai paned yn well iddi hi. Ond yr hyn oedd yn ei phoeni hi'n fwy'r eiliad honno oedd yr hylltod gwledd o felystra chwydlyd a lenwai fwrdd ei chegin hi. Roedd hyd yn oed edrych ar yr holl gacennau'n siŵr o gynyddu ei phwysau hi o ryw hanner stôn. Roedd yno fara brith, sgons, bisgedi bach a chlamp o gacen siocled fawr fendigedig. Cacen siocled! Pa mor hunanol allai ei mam fod? Oedd hi ddim yn sylweddoli ac yn gallu cydymdeimlo â'r ffaith fod yn rhaid i Lili ddechrau colli pwysau? Oedd hi'n fwriadol yn trio rhoi ei bysedd yn ei llygaid hi? Brathodd Lili ei thafod. Er mwyn peidio â ffrwydro ac ypsetio ei mam, aeth yn syth at y silff ffenest i fwydo Mrs Dalloway. Roedd golwg wedi dychryn arni hi, druan, ar ôl yr holl sŵn fu yn y gegin yn ystod yr awr ddiwethaf. Oedd pysgod aur yn cael y menopos, tybed?

'Be oeddach chi'n sôn am rywun yn marw'n gelain, Mam?'

A dyna Gwenda Daniels yn dechrau ar ei thruth a Lili'n setlo wrth y bwrdd i fwyta cacen siocled a sipian ei the'n dawel yn gwrando. Pa mor eironig oedd hi fod Victor Hughes, Manchester House wedi cael trawiad ar ei galon ac wedi disgyn yn gelain yn y Neuadd Goffa'r pnawn hwnnw, a'r digwyddiad wedi ei drefnu i godi arian ac ymwybyddiaeth ar gyfer y Diffib newydd? Onid oedd y neuadd dan ei sang wythnos ynghynt ar gyfer yr hyfforddiant ar sut i ddefnyddio'r Diffib a'r noson yn un lwyddiannus?! Roedd Victor Hughes druan yn un o'r rhai oedd yno'n derbyn yr hyfforddiant! A dyma Gwenda'n ychwanegu fel adlais i'r hyn oedd yn mynd drwy feddwl ei merch,

'Dydi o'n wych fod y pentra wedi cael Diffib. Bechod mawr na wnaeth o weithio tro 'ma. Victor Hughes druan.' Doedd Lili ddim yn hoffi awgrymu wrth ei mam na allai'r holl gacennau fod wedi bod o help i golesterol neb.

Roedd Lili'n barod i droi'r sgwrs at y menopos gan obeithio y byddai gan ei mam gynghorion doeth iddi hi. Tynnodd ei llyfr newydd o'i basged a'i ddangos i'w mam. Gwenodd Gwenda ar ei merch a cheisio'i chysuro hi drwy ddweud,

'Hwrê! Mae Anti Martha wedi marw!' Chwarddodd Lili a dweud,

'Mi fasa'n well gen i weld Anti Martha bob wsos na mynd drwy hyn!'

'Paid poeni. Wnaiff o ddim para am byth.'

'Am faint nath o bara i chi, Mam?'

'Saith, ella wyth mlynedd.'

WYTH MLYNEDD?! FFWC!

Eglurodd Gwenda nad oedd fawr o sôn am y peth yn ei chenhedlaeth hi a dyma Lili'n ei holi oedd hi wedi cymryd HRT.

'Naddo, siŵr. Jyst *get on with it* a pheidio cwyno oedd o i ni. Peidio gneud drama o'r peth.'

'Dach chi'n meddwl 'mod i'n bod yn ddramatig?'

'Nacdw, Lili. Dwi'n rhyfeddu nad wyt ti'n gneud mwy o ffŷs, 'nenwedig ar ôl y diwrnod rwyt ti wedi'i gael.'

'Ond pam na wnaethoch chi gael help pan oeddech chi'n mynd drwyddo fo? Wnaethoch chi siarad efo Nain am y peth?' Chwerthin wnaeth Gwenda ac egluro,

'Cyngor dy nain i mi, Lili oedd, pan ti'n mynd drwy'r *change*, paid â deud wrth neb neu mi daflan nhw ti i'r seilam ar dy ben!'

Edrychodd Lili ar ei mam mewn rhyfeddod. Pam bod y menopos yn cael ei gadw'n gymaint o gyfrinach? Pam yr holl enigma o'i gwmpas ar yr union adeg pan mae dynes angen clust i wrando arni hi a chyngor doeth? Tybed a fyddai hi, Lili, wedi cael ei boddi am fod yn wrach 'tae hi'n byw rai cenhedlaethau ynghynt? Aeth ei mam yn ei blaen,

'Mi gafodd Anti Nel, chwaer dy nain, *hysterectomy* pan oedd hi tua'r deugain oed 'ma. Ac mi aeth hi'n rhyfadd i gyd. Mi gafodd hi'r menopos yn syth, ti'n gweld. Dim rhybudd. A chafodd hi ddim byd ato fo. Ac o'r gair *hysterectomy* mae'r gair *hysterical* yn dod. Mae llawer o ddynion yn disgrifio menywod sydd ar y menopos fel hen wragedd *hysterical*. Dyna pam oedd dy nain ofn cael ei hanfon i'r seilam, ti'n gweld.'

'Wnaethoch chi gael o'n ddrwg, Mam?'

'Dim gwaeth na'r rhan fwyaf o ferched, am wn i, ar wahân i Anti Nel druan. Doedden ni ddim yn drafod o, sti. Ond dwi yn cofio dy nain yn dweud wrth dy dad pan synhwyrodd hi 'mod i'n dechra'r menopos – 'Os ydach chi isio bywyd tawel, Meurig, jyst cytunwch efo bob dim mae Gwenda'n ddeud am chydig flynyddoedd ac mi ddaw'r ddau ohonoch chi drw' hyn yn *champion!*' Roedd o'n gyngor da! Mi ddois i drwyddo fo, ond heb Meu druan.'

Eisteddodd y ddwy'n dawel am ennyd, un yn hiraethu a chofio'n annwyl am ei gŵr a'r llall am ei thad. Sylweddolodd Lili am y tro cyntaf fod ei mam hi felly wedi mynd drwy'r menopos ar yr un pryd ag y gwnaed hi'n weddw. Ynghanol yr holl alar creulon cas yna; y brofedigaeth ddigwyddodd mor ddirybudd. Y sioc. Un diwrnod roedd ei thad yno a'r munud nesaf roedd o wedi cael trawiad anferth ac yn gelain. Yma un munud ac wedi diflannu o'u bywydau nhw'r munud nesaf. Edrychodd Lili ar ei mam ac fe'i llanwyd hi â balchder ac edmygedd. Roedd ei mam hi'n dipyn o ddynes. Ac ar hynny dechreuodd Gwenda Daniels barablu eto fel melin bupur:

'Mae isio ffeindio man canol, sti, Lili. Doedd ein mamau ni ddim yn gallu siarad am y peth yn iawn. Roedd o'n tabŵ mawr. Ac mae'ch cenhedlaeth chi isio bob dim. Rydach chi isio edrych yn ifanc ac oherwydd hynny mae 'na hen agwedd negyddol at y menopos o'r dechra. Dwyt ti ddim yn cael heneiddio dyddia yma. Mae isio trio cofleidio'r peth os gelli di.'

Crychodd Lili ei thalcen. *Cofleidio?!* Roedd hi'n chwysu gormod i feddwl am gofleidio neb na dim. Gwelodd Gwenda nad oedd ei merch yn cytuno efo'r hyn oedd ganddi i'w ddweud a rhoddodd un cynnig arall arni wrth iddi stwffio darn arall o gacen siocled i'w cheg.

'Dwi'n gwybod fod o'n anodd, ond mae isio trio dathlu cyrraedd y cam yma yn dy fywyd, Lili. Derbyn pwy wyt ti. Mae'n rhan o broses naturiol. Tasa pobl ond yn parchu menywod hŷn ac yn eu gweld nhw'n atyniadol wrth heneiddio, yn hytrach na disgwyl iddyn nhw barhau i edrych yn bump ar hugain oed am byth, yna mi fasa'r holl beth gymaint yn haws i'w handlo. I bawb. Mater o agwedd ydi o. Ac mae isio i ninna fod yn ddiolchgar ein bod ni wedi cyrraedd mor bell â hyn. Meddylia, mi allen ni fod fel Victor Hughes fory nesa – dan y dywarchen. Does neb yn gwybod be sydd rownd y gornel! A dyna ni – diwedd y bregeth am heddiw!'

Wyddai Lili ddim a allai gofleidio'r menopos na bod yn ddiolchgar, ond o leiaf doedd y byd ddim yn edrych cweit mor fygythiol yr eiliad honno. Roedd cysur mewn rhannu cacen siocled. Roedd cysur mewn rhannu poen meddwl. Roedd siarad wastad yn help, er mai ei mam oedd wedi gwneud y rhan fwyaf o'r siarad a hithau wedi gwrando!

Wnaeth o erioed daro Lili o'r blaen y gallai ei mam fod yn unig weithiau. Roedd hi wedi bod yn wraig weddw ers chwarter canrif, ond chlywodd Lili erioed mohoni'n cwyno. Darllenodd yn rhywle fod yna epidemig o unigrwydd drwy'r wlad. Gwnaeth Lili addewid bach tawel iddi hi ei hun y byddai'n ymdrechu i fod yn gymydog gwell i Wilma, yn fwy amyneddgar efo Idwal ac yn llawer caredicach wrth ei mam. Efallai y byddai hithau'n llai unig o wneud hynny, hefyd. Roedd angen iddi hi feddwl am rywun arall heblaw hi ei hun am unwaith. A fyddai hynny

fawr o aberth achos wedi'r cyfan, roedd ei mam hi'n donig
– y rhan amlaf!

'Ac un peth arall! Rhan bositif o fynd yn hŷn ydi gadael
i ti dy hun fyw bywyd fel rwyt ti isio ei fyw o ac nid fel y
dylet ti. Mae isio i ti garu petha newydd a chael gwared ar
hen betha. Mae gen ti achos dathlu achos rwyt ti wedi cael
gwared ar Lewis a'i anhwylderau o'r diwedd! Edrycha ar
weddill dy fywyd fel un antur fawr, a thra rw't ti wrthi, cym
ddarn arall o'r gacen!'

Gwenodd Lili ar ei mam ond gwrthododd y gacen. Hyn
a hyn o siwgr y gallai un bod dynol ei fwyta mewn
diwrnod! Ond efallai fod y siwgr wedi melysu dipyn ar ei
holl chwerwder. Teimlai fel pe bai ei nodweddion gorau'n
ceisio lledu drwy ei chorff blinedig. Tybed ai hi oedd yr
ymgorffforiad cyfoes o Jekyll & Hyde? A dyna'i meddwl
bach prysur yn carlamu eto, yn gorfeddwl, yn
gorddadansoddi, yn gorfeirniadu. Byddai'n rhaid iddi hi
drio dilyn cyngor doeth ei mam: 'Derbyn pwy wyt ti.'
Hmm. Byddai hynny'n dipyn o dasg. Gorffennodd Lili ei
the, a diolch yn ddiffuant i'w mam.

'Am be, dwa?'

'Am y sgwrs, Mam. Am y te a'r cacennau. Am gael
gwared ar Wilma a Ruth druan!'

'Wel dyna i ti beth od, Lili. Dwi ddim yn dallt. Mae'n
rhaid 'mod i wedi'u pechu nhw rhwsut, achos ar ganol fy
stori efo nhw am Victor Hughes Manchester House a'i
hartan oeddwn i, a'r peth nesa, mi gododd y ddwy efo
wyneba tin. Ddudon nhw fawr ddim byd a mynd o 'ma
heb na ta-ta na dim. Od iawn, ti ddim yn meddwl?'

'Be 'udoch chi ar ôl i chi gael fy nhecst i, Mam?'

'Tecst gen *ti* oedd o? Wyddwn i ddim. Mi roddes i'r ffôn

i Ruth i ddarllen y tecst am fy mod i wedi gadael fy sbectol yn y car. Ond ches i ddim gwybod ganddi hi. Pam? Be oedd dy decst di'n ddeud?'

Edrychodd Lili draw at y ffenest. Gallai daeru fod Mrs Dalloway wedi sbio arni hi a rhowlio'i llygaid mewn cywilydd, cyn gwneud cylchdro bach sydyn arall o gwmpas ei phowlen.

O! Shit!

18.29 y.h.

Gwrthododd Gwenda Daniels fynd â'r cacennau adre efo hi er yr holl brotestio gan Lili. Mynnai ei mam y gallai Lili eu rhannu efo rhywun. Efo pwy, harthiodd Lili arni hi. Doedd Ruth a Wilma ddim yn debygol o fod eisiau ei gweld hi am sbel go hir a doedd hi'n sicr ddim eisiau dechrau sgwrs efo Idwal a Vera. Pam, yn enw popeth, wnaeth ei mam brynu'r holl gacennau os nad oedd hi am eu bwyta? Sut ddiawl oedd hi'n disgwyl i Lili eu bwyta nhw i gyd? Roedd Lili yn un am ei bol, ond roedd hyn yn mynd â phethau braidd yn rhy bell. Doedd hi ddim eisiau eu bwyta nhw. Roedd yr holl sgrwts melys roedd hi wedi ei fwyta'n ystod y diwrnod wedi ei gwneud hi'n reit gyfoglyd ac roedd meddwl am yr holl galorïau'n ei gwneud hi'n ddigalon.

Ffarweliodd Lili â'i mam ar stepen y drws, gan gipdremio bob hyn a hyn at dŷ Wilma rhag iddi hi a Ruth ddod allan a'i fflangellu hi. Sylwodd ar gar dieithr glas y tu allan i rif pedwar. Oedd yna rywun wedi dod i weld y tŷ, tybed? Roedd hi'n bechod gweld y tŷ yn wag. Ar hynny gwelodd Idwal yn brasgamu i fyny'r lôn a chôns traffig yn ei freichiau. Byddai pwy bynnag oedd wedi dod i weld y tŷ yn siŵr o gael pryd o dafod ganddo. Dim syndod bod y tŷ'n hir yn gwerthu, ac onid oedd gan Idwal bethau gwell i'w gwneud ar nos Sadwrn?

A'r glaw wedi penderfynu rhoi tro arall ar ddiflasu pawb, gwelodd Lili rywbeth drwy gornel ei llygad a dynnodd ei sylw oddi ar ei hwyliau drwg ei hun. Ar ei chloc haul, roedd planhigyn mewn potyn. Doedd hi ddim yn siŵr beth oedd y planhigyn tan iddi gamu'n nes ato. Planhigyn mefus. Mefus! Edrychodd o'i chwmpas. Pwy fyddai wedi ei osod yna? Cododd Lili'r potyn a'i roi wrth stepen y drws. Byddai'n rhaid iddi holi ei mam, rhag ofn mai hi oedd wedi ei adael yno. Ond pam fyddai hi wedi ei adael ar y cloc haul? Efallai mai Idwal oedd wedi bod yn busnesu. Roedd ganddo rywfaint o lysiau a ffrwythau'n tyfu mewn patshyn bach, o mor dwt, yn ei ardd. Deuai allan bob bore i ddychryn y brain a'r malwod. Doedd fiw i neb na dim feiddio difetha ei holl lafur caled. Deuai Vera allan wedyn i sgubo ar ei ôl, neu ddod efo'i siswrn i dorri gwair y bordor bach rhwng y lawnt a'r patshyn llysiau. Ie, mae'n siŵr mai Idwal fu draw tra oedd hi yn Nhre-fach. Efallai iddo fod yn prowlan o gwmpas y lle ac iddo anghofio mynd â'i botyn mefus adre efo fo. Y peth olaf roedd hi eisiau rŵan oedd iddo fo ddod draw, ar ôl gorffen gosod y côns traffig bondigrybwyll. Cododd Lili'r potyn mefus a'i osod yn ôl ar ei chloc haul. Gallai Idwal ddod i nôl ei fefus heb ei styrbio hi.

Caeodd Lili'r drws. O'r diwedd, roedd ganddi ei thŷ iddi hi ei hun. Aeth â'r DVD Wimbledon i'r lolfa fach a chau'r llenni er mwyn i unrhyw un fyddai'n cysidro dod draw feddwl eilwaith. Roedd hi eisiau llonydd. Onid oedd hi'n haeddu llonydd ar ôl y fath ddiwrnod? Edrychodd Lili ar y DVD a gweld y pennawd, 'Rafael Nadal's Triumph at Twilight'. Diolch yn fawr! Dyna ddifetha'r gwylio iddi hi. Ond wedi dweud hynny, roedd pleser i'w gael hefyd o wylio gêm a gwybod y canlyniad. Roedd o fel mynd i weld drama gan Shakespeare. Roedd y gynulleidfa'n gwybod y byddai Macbeth yn marw erbyn y diwedd. Eisiau gweld sut oedd o'n marw oedd y pleser! Ac roedd dyfyniad arall ar glawr y DVD gan John McEnroe, 'This is the greatest match I've ever seen.' Roedd hynny'n ddigon o abwyd i Lili ymroi i'r gwylio.

Aeth Lili i'r gegin er mwyn agor y botel siampên. Wrth iddi estyn amdani yn y ffrij, sylwodd ar y caniau bach tonic a chofio am Sally-Anne yn yr ysbyty. Rhoddodd y siampên yn ôl ar y silff ac estynnodd am y paced o chwech can tonic bach. Aeth â nhw i stafell y gawod. Roedd ei gwallt hi bron yn sych. Estynnodd am grib a rhannu ei gwallt yn gudynnau trwchus a'u rhowlio o gwmpas y caniau bach. Chwiliodd yn y drôr bach a chanfod grips gwallt a llwyddo i gadw pedwar o'r caniau yn eu lle. Roedd y pedwar can yn eithaf trwm ar ei phen. Ai dyma oedd gan Siwan mewn golwg wrth iddi ddweud wrth Alys, 'Bu'r goron yn flinder ar fy mhen...'? Ond trwm neu beidio, roedd y caniau oer ar ei chorun yn fendith. Dyma ddyfais wych i gyrlio neu chwyddo foliwm y gwallt. Byddai'n rhaid iddi sôn wrth Delyth a boenai'n fawr fod ei gwallt yn teneuo ar raddfa mor gyflym. Oedd hi am fod yn foel o fewn ychydig fisoedd? Ond pwysicach na'r eflen o gyrlio'r gwallt i Lili oedd yr elfen o waredigaeth rhag y pyliau poeth! Llwyddai'r caniau i ostwng gwres ei chorff. Tybed oedd hi wedi canfod yr ateb i ferched canol oed oedd am gyrlio eu gwalltiau a chael hoe o wres cas y menopos? Oedd posib cael patent ar ddyfais o'r fath, tybed?

Cerddodd Lili'n ofalus yn ôl i'r gegin, gan geisio cadw cydbwysedd y caniau yn ei gwallt. Rhoddodd y ddau gan nad oedd hi wedi eu defnyddio yn ôl yn y ffrij ac estyn am y siampên a'i agor. Neidiodd y corcyn a glanio gyda sblash ym mhowlen Mrs Dalloway. Cafodd Lili banig bach fod pop y corcyn a sblash y dŵr wedi rhoi'r farwol i Mrs Dalloway. Roedd golwg wedi dychryn arni, ond doedd Lili ddim yn siŵr ai'r corcyn oedd wedi ei dychryn, ynte gweld Lili efo'i phenwisg ryfedd. Gorlenwodd Lili ei gwydr a'r swigod a'r hylif yn llifo dros bob man. Drachtiodd o'r gwydr a'i wagio mewn dim. Cododd y swigod wynt arni. Gallai deimlo llygaid beirniadol Mrs Dalloway arni.

'Sori, Mrs Dalloway. Ond ro'n i angen hwnna.'

Ei hanwybyddu wnaeth Mrs Dalloway gan droi ei chefn yn bwdlyd arni. Oedd ei meistres hi, o'r diwedd, wedi mynd yn gwbl dw-lal? Tywalltodd Lili wydraid arall iddi hi ei hun. Yn arafach y tro hwn, heb wneud llanast. Edrychodd Lili mewn diflastod ar y gyflafan o gacennau ar y bwrdd, gan ofyn i Mrs Dalloway fyddai hi'n hoffi briwsion cacen. Edrychodd Mrs Dalloway arni efo dirmyg lond ei llygaid. Tybed, meddyliodd Lili, oedd bwydo pysgodyn aur â briwsion cacen yn beth call i'w wneud? Gwyddai y gallai pysgod aur fwyta bron iawn bopeth mewn cymedroldeb, hyd yn oed eu gwastraff eu hunain. Ych! Edrychodd Lili ar Mrs Dalloway. Efallai fod y rhan fwyaf o bysgod aur yn bwyta eu gwastraff eu hunain, ond doedd Mrs Dalloway ddim, roedd Lili'n eithaf siŵr o hynny.

Mrs Dalloway oedd y pysgodyn aur cyntaf i Lili ei gael roedd hi'n ei gyfarch gyda 'chi'. Fedrai hi ddim galw 'ti' ar Mrs Dalloway rhywsut. Roedd Mrs Dalloway'n haeddu mwy o barch. A'r peth olaf roedd Lili eisiau ar ôl ei thrychineb o ddiwrnod oedd lladd ei ffrind gorau. Agorodd ei gliniadur a gwglo'r cwestiwn, 'Can you feed cake to a goldfish?'

Cafodd ateb coeglyd yn ôl yn dweud nad oedd pysgod aur yn bwyta cacen achos does 'na ddim cacennau'n rhedeg o gwmpas glannau afonydd a llynnoedd! Gellid cynnal pysgod aur ar gacennau, ond mae'n debyg y byddai hynny'n cwtogi eu bywyd nhw. Doedd hynny fawr gwahanol i fodau dynol felly, meddyliodd Lili. Tybed oedd Victor Hughes druan wedi bwyta gormod o gacennau'r diwrnod hwnnw?

'Sori, Mrs Dalloway. Dim cacen i chi.' Ond doedd Mrs Dalloway ddim yn edrych ar Lili. Roedd Mrs Dalloway wedi llygadu'r bocsys mefus ar y gadair wrth y bwrdd. Edrychodd Lili ar y mefus ac edrych yn ôl wedyn ar Mrs Dalloway. Gwenodd Mrs Dalloway. Gwglodd Lili gwestiwn, 'Can you feed strawberries to a goldfish?', gan ddisgwyl ateb gwirion yn dweud nad oedd mefus chwaith yn rhedeg o gwmpas afonydd a llynnoedd. Ond er syndod iddi, cafodd ateb cadarnhaol.

'Newyddion da, Mrs Dalloway. Mi gewch chi ddarn bychan bach o fefus fel trît, unwaith yr wythnos!' Gwenodd Mrs Dalloway ei gwên letaf ar Lili a nofio fel peth gwirion o gwmpas ei phowlen fel petai hi'n chwarae mig efo'r corcyn oedd yn arnofio'n feddw uwch ei phen. Aeth Lili ati i dorri mefusen yn ddarnau bychan bach a chynnig y darn maint hedyn oedd ar flaen ei bys i Mrs

Dalloway. Cusanodd Mrs Dalloway ei bys mewn gwerthfawrogiad. A dyna'r ail waith i Lili fwydo mefus i rywun y diwrnod hwnnw!

18.47 y.h.

Wrth i Lili dorri'r mefus yn eu hanner a'u rhoi ar blât mawr, canodd gwich ei ffôn bach. Catherine the Great:

Cofiwch am barti bach Max am 7.00 heno!

Edrychodd Lili ar gloc y gegin. Roedd hi wedi anghofio pob dim am y parti. Fyddai hi ddim yn gallu cyrraedd cartref Catherine a Max mewn pryd bellach. Roedd eu byngalo yn Y Ffridd, y pentref bach rhwng Y Foel a Dre-fach. Roedd digon o resymau eraill dros beidio mynd. Yn un peth, doedd gan Lili ddim car. Yn ail, pe bai ganddi hi gar, roedd hi wedi yfed hanner potel o siampên. Yn drydydd, doedd hi ddim eisiau mynd. Doedd hi ddim yn teimlo'n gymdeithasol iawn, er y gwyddai y byddai cwmni efallai'n gwneud lles iddi hi. Fedrai Lili chwaith ddim gwneud pen na chynffon o'r emoji gan Catherine ar y neges. Ar hynny daeth gwich arall o'r ffôn,

Drysu efo'r emojis ma! Hwn o'n i isio!

Roedd hynny'n gadarnhad pellach i Lili na fyddai'n mynd draw i dŷ Catheirne a Max. *Plis, plis, dim mwy o gacennau!* Beth oedd hi am ei ddefnyddio fel esgus dros beidio mynd? Cofiodd eiriau ei mam, mai un o byrcs mynd yn hŷn oedd caniatáu i chi eich hun fyw bywyd fel roeddech chi'n dymuno ei fyw, ac nid fel y dylech chi. Gwell felly oedd bod yn onest. Atebodd Lili'r neges,

Diolch Catherine. Wedi cael diwrnod trwm.
Am aros yn tŷ. Joiwch!

Rhoddodd Lili'r ffôn, y plât mefus, ei gwydr a'r botel siampên ar yr hambwrdd a throi at Mrs Dalloway a dweud,

'Wela i chi mewn rhyw bump awr, Mrs Dalloway. Federer a Nadal yn galw!'

Aeth Lili drwodd i'r lolfa a gosod yr hambwrdd yn dwt ar y bwrdd bach o flaen y soffa. Wrth iddi hi estyn am y DVD, clywodd y ffrog yn rhwygo eto. Doedd hyn yn dda i ddim. Llwythodd y DVD a'r rhwyg yn agor eto fel y Môr Coch gan ddatgelu ei chefn. Stompiodd i fyny'r grisiau i newid. Estynnodd am y siswrn torri ewinedd oedd ar dop y drôr yn ei llofft a thorri'r ffrog oddi amdani, gan adael iddi ddisgyn yn rhubanau ar lawr. Roedd gweddillion ei ffrog yn adlewyrchiad trist o sut y teimlai Lili: fel cadach llawr. Agorodd y drôr ac estyn am byjamas glân. Waeth iddi fod mewn dillad nos ddim. Byddai'n rhaid cael rhywbeth y medrai ei agor a'i gau â botymau. Fedrai hi ddim tynnu unrhyw ddilledyn dros ei phen tra oedd y caniau ar ei gwallt. Cydiodd yn y pyjamas oedd â mefus drostynt! Addas iawn! Gwisgodd amdani, taflodd y ffrog *lapis lazuli* i'r bin a mynd yn ôl i lawr i'r lolfa yn ei phyjamas a'r slipars traed Hobbit blewog a gafodd yn anrheg Nadolig 'Secret Santa' gan aelodau'r Cylch Sgwennu.

Setlodd ar y soffa, stwffio mefusen i'w cheg a dechrau'r DVD. O'r diwedd, llonyddwch. Cysur. Cymerodd anadl ddofn, ac wrth anadlu allan sylwodd fod ei hysgwyddau, oedd yn sgil holl densiwn y diwrnod wedi codi droedfedd ac yn glynu'n dynn o gwmpas ei gên, rŵan yn dechrau ufuddhau i ddisgyrchiant ac yn llithro'n araf bach yn ôl i'w lle priodol. Wrth wylio'r DVD, gwelai Lili fod y diwrnod hwnnw yn 2008 yn ddigon tebyg i heddiw. Roedd glaw SW19 wedi oedi'r chwarae am dros hanner awr erbyn i Federer a Nadal ddod i'r cwrt.

Edrychodd Lili ar Mirka yn eistedd yn y bocs uwchben y cwrt yn cnoi gwm. Pam cnoi gwm? Onid oedd hynny fymryn yn goman? Rhaid ei bod hi'n llawn nerfau dros ei gŵr. Cofiodd Lili iddi feddwl yn gynharach y diwrnod hwnnw am smalio bod fel Mirka. Wel, doedd hynny ddim wedi gweithio, nag oedd, a hithau bellach nid mewn ffrog fach *lapis lazuli* ddel, ond mewn *onesie*, slipars Hobbit a chaniau tonic am ei phen! Tywalltodd Lili wydraid arall o siampên iddi hi ei hun a sglaffio'r mefus. Dim ots! Fel y dywedodd ei mam, mater o agwedd oedd o. Roedd hi am drio bod yn fwy ffeind efo hi ei hun, ac roedd lle i ddathlu iddi gael gwared ar Lewis ar ôl yr holl flynyddoedd.

Tybed beth oedd hanes Lewis, ei alergedd a'i briodas erbyn hyn? Oedd, roedd Lili'n lwcus o fod wedi cael gwared arno fo. Sut oedd hi wedi cael y berthynas yna mor rong, tybed? Doedd hi ddim fel tasa hi ddim wedi gwneud digon o ymchwil yn y blynyddoedd yn arwain at ei gyfarfod. Cofiodd am rai o'i chyn-gariadon – pob un ohonyn nhw, hyd y gwyddai hi, wedi hen setlo gyda'u partneriaid, a dyma hithau wedi cyrraedd cyfnod y menopos, ar ei phen ei hun bach. Ond doedd hi ddim am ildio i hunandosturi. Roedd hi'n eithaf mwynhau ei chwmni ei hun y rhan fwyaf o'r amser, pe bai hi ond yn gallu arafu ei meddwl ac ymwrthod â gorboeni am fod yn hwyr i lefydd. Byddai'n rhaid iddi stopio'r gorddadansoddi a'r gorfeddwl yma. Er bod ei metaboledd hi fel pe bai o wedi mynd i gysgu, roedd ei brên hi ar goblyn o *overdrive*. Byddai'n cael dadleuon efo hi ei hun. Byddai'n dychmygu sgyrsiau damcaniaethol ac yn meddwl: tasa hon a hon, neu hwn a hwn, yn deud hyn a hyn wrthi hi – yna fe fyddai Lili'n dweud hyn yn ôl wrthi hi neu fo! Pam gwastraffu ei hegni'n creu sgyrsiau dychmygol a hyd yn oed weithiau ddadleuon go ffyrnig, a hithau'n gwybod na fyddai'r sgwrs neu'r ffrae ddychmygol honno fyth yn digwydd mewn gwirionedd? Oedd hi'n troi'n anghenfil hollol niwrotig? Pam na allai hi fod yn normal fel pawb arall? Cymdeithas oedd yn mynnu mai'r norm oedd bod gan bawb bartner. Ond beth oedd normal? Onid oedd hi wedi dyheu am gael bod ar ei phen ei hun ers iddi ddeffro'r bore hwnnw? A beth bynnag, roedd ganddi hi Mrs Dalloway os oedd hi angen bwrw ei bol efo rhywun.

Wfft i ddyheu. Ai dim ond dyheu oedd ei bywyd hi bellach? Oni ddylai geisio gwerthfawrogi'r rŵan hyn? Gwyddai fod yna gelfyddyd yn y weithred o fod yn bresennol, celfyddyd nad oedd Lili'n arbenigo arni. Roedd hi'n treulio llawer gormod o'i hamser yn poeni am amser, yn lle gadael i'r diwrnod ei ddrwg ei hun. Weithiau, roedd gwneud dim a gwagio'r meddwl o rwtsh bob dydd yn fuddiol i greadigrwydd. Addawodd iddi hi ei hun y byddai'n gweithio ar hynny. Byddai'n rhaid iddi ymarfer amynedd a dyfalbarhad. Ac efallai mai un ffordd o ganfod yr hyn roedd hi ei angen oedd peidio â mynd i chwilio amdano fo. Dydi blagur bach ddim yn blodeuo'n rhosyn llawn dros nos ac onid yn nhaith hamddenol y blagur mae'r rhyfeddod? Gan bwyll bach pia hi. Roedd hi'n fyw.

Roedd hi'n iach, ar wahân i fethu cysgu, y pyliau gwres a'r chwys. Ond hei! Roedd y caniau oer ar ei phen yn gwneud y tric. Doedd hi ddim wedi cael pwl ers peth amser. Haleliwia!

Roedd gêm gyntaf yr ornest wedi dechrau. Ac am gêm agoriadol gyffrous a Federer yn ennill! Cododd Lili ei gwydryn iddo fo, er gwybod beth oedd tynged y cradur. Er mai edrych ymlaen at wylio Federer roedd Lili wedi ei wneud drwy'r dydd, canfu ei hun yn astudio Nadal. Gwyliodd Lili ei holl gwircs bach rhyfedd. Y gosod poteli dŵr; y gwrthod camu ar y llinellau gwyn rhwng pwyntiau; y cosi trwyn; y crafu pen ôl; y ffidlo efo'i wallt a'i grys... Beth oedd hyn? Ai rhyw fath o ddefodau oedden nhw? Ai defodau i geisio rheoli pryder oedden nhw? Ai rhyw fath o fecanwaith i'w helpu i gadw ei ffocws ar y tenis oedd hyn? Ai ofergoelus oedd o? Oedd ganddo ryw anhwylder obsesiynol? Dechreuodd Lili gynhesu at yr hen Nadal, er na fyddai fyth yn bradychu ei hoffter a'i hedmygedd diderfyn tuag at Federer. Doedd neb yn berffaith. Roedd gan bawb eu nodweddion neilltuol. Roedd pawb yn wahanol. Onid dyna oedd yn gwneud y byd yn ddiddorol?

A'r ail gêm wedi dechrau, gwrandawodd ar lais undonog Tim Henman yn sylwebu ac yn nodi fod un rali yn 'pure class'. Gellid tybio o ansawdd diflas ei lais ei fod yn disgrifio paent yn sychu. Efallai fod ganddo yntau bwysau'r byd ar ei ysgwyddau. Pwy a ŵyr beth oedd unrhyw un yn ceisio dygymod ag o?

Wrth i Lili ddrachtio'r siampên a chyfrif ei bendithion, suddodd ei chalon wrth iddi glywed cloch y drws yn canu. Pwy oedd yna rŵan? Am adeg i alw! Roedd Nadal newydd dorri syrf Federer ac roedd hi'n ymddangos ei fod am ennill y bedwaredd gêm i fynd â'r sgor yn 3-1 o'i blaid. Roedd y gêm yn frwydr a hanner rhwng y ddau chwaraewr. Penderfynodd Lili anwybyddu'r gloch. Fedrai o ddim bod yn bwysig iawn ar nos Sadwrn fel hyn. Ond roedd pwy bynnag oedd yno'r eiliad yna yn hynod ymroddedig wrth geisio cael ateb. Canwyd y gloch eto, fymryn yn hirach y tro hwn. Ac eto wedyn.

Cododd Lili oddi ar y soffa, cerdded ar flaenau ei thraed a sbecian drwy'r llenni. Crapidicrap. Fedrai hi ddim coelio'i llygaid! Pwy oedd yno, yn codi llaw arni hi, ond Owen! Beth oedd o'n da yno? Pam nad oedd o yn y parti priodas? Sut oedd o'n gwybod ble roedd hi'n byw? Beth oedd hi am ei wneud? Roedd o wedi ei gweld hi. Fedrai hi ddim smalio nad oedd hi wedi ei weld. Roedd y diawl haerllug wedi codi llaw arni hi! Pwysodd Lili'r botwm ar y *remote* i oedi'r DVD. Drachtiodd weddillion y botel a'i chuddio tu ôl i glustog y soffa. Os oedd Owen yn mynd i ddod i mewn i'r tŷ, doedd hi ddim am iddo feddwl fod ganddi hi broblem yfed. Dod i mewn i'r tŷ?! Beth oedd ar ei phen hi? Ie – beth oedd ar ei phen hi ond caniau tonic! Ond roedd Owen wedi ei gweld hi drwy'r ffenest, felly doedd dim dianc bellach. Crapidicrapcrapcrap, sibrydodd wrthi hi ei hun.

Cerddodd at y drws fel un wedi ei thynghedu i'r crocbren. Agorodd gil y drws yn y gobaith na fyddai Owen yn ei gweld hi yn ei holl ogoniant.

'Helô, Owen.'

'Lili. Dwi wedi dod â hwn yn bresant i ti.' Yn ei law roedd y potyn mefus oedd ar y cloc haul ynghynt yn y prynhawn.

'Presant? I fi?'

'Gweld dy fod yn licio mefus! Fedri di blannu hwn yn yr ardd a chael mefus 'on tap' fel mae'n nhw'n deud.'

Bu'n rhaid i Lili agor y drws fymryn yn lletach er mwyn cymryd y potyn ganddo. Diolchodd iddo. A dyna pryd y gwelodd Owen y caniau ar ei phen. Cododd ei aeliau, agorodd ei lygaid led y pen a rhoddodd chwerthiniad bach, cyn ychwanegu,

'Defnydd gwahanol o ganiau, Lili!'

'Hmm. Dyfais newydd...'

'Diddorol.'

'Ymm, ga i ofyn? Ymm, roedd y potyn yma ar fy nghloc haul i gynna...'

'Oedd. Do'n i ddim yn licio dy styrbio di. Roedd gen ti gwmni ar y pryd.'

'Oedd. Mam. Ers pryd wyt ti wedi bod yma, 'ta?'

'Es i â Lewis yn ôl i'r briodas ar ôl iddo fo gael stwff at yr alergedd, sortio Mam allan ac wedyn ro'n i isio picio i rif pedwar.'

'Rhif pedwar?'

'Ga i ddod i mewn am funud bach?'

Edrychodd Lili arno am eiliad. Roedd ei meddwl hi ar chwâl. Pam nad oedd o yn y briodas? Pam oedd o eisiau dod i'r tŷ? Beth oedd angen ei sortio efo'i fam? Pam oedd o wedi bod i rif pedwar? Ai rhif pedwar, Penlôn oedd ganddo fo mewn golwg? Ai fo oedd bia'r car glas? A! Cofiodd ei fod yn werthwr tai. Byddai'n ddiddorol gwybod pwy oedd â diddordeb mewn dod i fyw i'r gymdogaeth boncyrs yma. Agorodd Lili'r drws a'i dywys i'r lolfa, yn ymwybodol fod hyn yn rhoi cyfle i Owen astudio ei gwisg ryfedd hi. Doedd dim y gallai ei wneud. Byddai'n rhaid iddo ei derbyn hi fel ag yr oedd hi.

'Wimbledon?' gofynnodd Owen yn edrych ar lun wedi ei rewi ar y sgrin deledu o Federer a Nadal. Cyn i Lili fedru egluro, ebychodd Owen,

'Ro'n i yno!'

'Yno? Yn y gêm? 2008?' gofynnodd Lili mewn anghrediniaeth. Rhoddodd y potyn mefus ar lawr a cheisiodd dynnu'r caniau oddi ar ei phen mewn ffordd mor ddisylw â phosib. Gosododd y caniau ar y bwrdd bach a rhedeg ei dwylo drwy'r pedair cyrlen fawr ryfeddol ar ei phen mewn ffordd mor ffwrdd-â-hi ag y gallai.

'O'n. Roedd Mam efo fi. Presant arbennig i Mam oedd o. Roedd hi newydd ddathlu ei phen-blwydd yn saith deg a newydd gael diagnosis o ddementia.'

'O, mae'n ddrwg gen i. Am faint fuodd ganddi hi ddementia?' gofynnodd Lili gan gynnig i Owen eistedd.

'Mae hi'n dal yn fyw. Mae hi'n wyth deg dau erbyn hyn. Ond dydi hi ddim yn nabod neb. Dim ond rhyw fis sydd 'na ers i Karen a fi ei rhoi hi yn Gwynfa.'

Wrth i Owen eistedd, cododd yn syth fel bollten. Roedd o wedi eistedd ar y botel siampên wag. Gwenodd Owen. Cythrodd Lili at y botel.

'Www! Be mae hwnna'n da yn fanna?' meddai Lili gan edrych ar y botel fel pe bai'r botel wag yn llofrudd.

'Oes gen ti fwy? Mi fasa diod bach reit neis ar ôl y diwrnod dwi wedi'i gael.' Gwenodd Lili wên fach lawn embaras. Fedrai'r diwrnod fynd ddim gwaeth, tybed? Edrychai Owen mor smart yn ei siwt ac fe edrychai hithau mor wirion yn ei *onesie*.

'Tyrd drwodd i'r gegin.' Dilynodd Owen hi i'r gegin a Lili'n dal i'w holi –

'Oedd 'na ddim siampên yn y briodas?'

'Oedd, ond ro'n i'n gyrru. Dwi newydd fynd â Mam o'r briodas yn ôl i Gwynfa.'

Estynnodd Lili wydr iddo. Doedd hi ddim yn licio gofyn pam na fyddai Mercedes yn mynd â'i fam o i'r cartref er mwyn i Owen gael aros i'r parti priodas. Roedd hi'n swnio'n hen ast hunanol. Amneidiodd Lili arno i eistedd wrth y bwrdd.

'Tisio cacen?' gofynnodd Lili wrth weld Owen yn llygadu'r hylltod cacennau ar y bwrdd. Gwrthododd ei chynnig. Aeth Lili yn ei blaen, yn benderfynol o gael gwared â'r sgrwtsh melys oedd yn llenwi ei bwrdd.

'Oeddet ti'n gwybod fod Max yn cael ei ben-blwydd yn wyth deg heddiw? Mae Catherine wedi trefnu parti iddo fo. Ti am fynd? Mi fasat ti'n gallu mynd â'r cacennau 'ma draw iddyn nhw.'

'Na, dim heno. Dwi wedi blino braidd ar ôl y fath ddiwrnod. Wyt ti am fynd?'

'Na. Dw inna wedi blino.' Aeth Lili at y ffrij i nôl potel o siampên gan droi'r sgwrs drwy holi Owen oedd ei fam wedi setlo yn Gwynfa.

'Ydi. Yn o lew. Dwi'n weld o'n rhyfedd hebddi hi, deud gwir. Dwi wedi bod yn byw efo hi am y pum mlynedd dwytha. Roedd hi angen gofal bob munud o'r dydd a'r nos. Mi aeth petha'n drech na fi. Fedrwn ni ddim cario 'mlaen i ofalu amdani hi, trio gweithio, trio dod i'r Cylch Sgwennu...'

Teimlodd Lili'n euog yn syth wrth glywed ei eiriau. Wrth gwrs, roedd rheswm pam ei fod yn hwyr i bobman os oedd y gofal i gyd yn dibynnu arno fo. Edrychodd Lili ar Mrs Dalloway gan wybod y byddai hithau'n gallu darllen ei meddwl hi'n ceisio ateb cwestiynau fel: Ond beth am Mercedes? Onid oedd hi'n gallu helpu? Ond roedd llygaid Mrs Dalloway ar Owen.

'Rydan ni wedi gorfod gwerthu'r cartref i dalu am ei lle hi yn Gwynfa, a dwi wedi prynu rhif pedwar Penlôn fel 'mod i'n gallu bod yn nes ati hi.'

Ar hynny, popiodd Lili'r botel siampên a gadael i'r *fizz* dywallt dros ei dwylo. Roedd hi'n gegagored. Rowliodd Mrs Dalloway ei llygaid mewn cywilydd. Cymerodd Owen y botel oddi arni a thywallt y siampên i'r gwydrau.

'Do'n i ddim yn gwybod dy fod ti'n byw yn fan hyn tan i mi dy weld di'n dod allan o'r Corsa coch. 'Dan ni'n mynd i fod yn gymdogion, Lili. Iechyd da!' Edrychodd Lili arno'n fud. Wyddai hi ddim beth i'w ddweud. Eisteddodd wrth y bwrdd. Roedd rhan ohoni'n falch fod Owen yn mynd i fod yn gymydog iddi hi. O leiaf byddai yna un person go lew o gall yn byw yn y stryd. Ond wedyn byddai hi'n gorfod smalio bod yn glên efo Mercedes. Efallai na fyddai hynny mor hawdd. Mwya'n byd roedd hi'n gwrando ar Owen mwya'n byd roedd ei hatgasedd at Mercedes yn cynyddu. Trodd Owen at Mrs Dalloway.

'Helô! Pwy ydach chi?'

'Mrs Dalloway – Owen; Owen – Mrs Dalloway,' meddai Lili, yn rhyfeddu o weld fod rhywun arall heblaw hi yn siarad efo pysgod aur. Rhyfeddai hefyd fod Owen wedi synhwyro'n syth mai 'chi' oedd y dull priodol o gyfarch Mrs Dalloway. Roedd Mrs Dalloway wedi gwirioni ac wedi dechrau nofio a sboncio fel dolffin gorffwyll o gwmpas ei phowlen. Ewyllysiodd Lili iddi hi fihafio a stopio fflyrtio, ond ei hanwybyddu hi wnaeth Mrs Dalloway. Byddai'n rhaid i Lili gael gair efo hi ar ôl i Owen adael.

'Mae gen i bysgodyn aur.'

'Oes?' gofynnodd Lili'n llawn rhyfeddod.

'Shakespeare ydi enw f'un i. Dwi'n gobeithio y gwnaiff o setlo yn rhif pedwar.'

'Pryd dach chi'n symud i mewn?'

'Heno.'

'Heno?' meddai Lili'n syn gan edrych ar wên fawr yn lledu ar hyd wyneb Owen. Aeth Lili yn ei blaen gan feddwl sut y byddai Idwal yr Idiot yn ymateb i'r newyddion yma.

'Faint o geir sydd gennoch chi?' Edrychodd Owen arni hi'n syn.

'Pwy, fi a Shakespeare? Dydi Shakespeare ddim yn gyrru, Lili. 'Mond un car sydd gen i.'

'Dydi Mercedes ddim yn gyrru?' gofynnodd Lili. Crychodd talcen Owen.

'Nacdi siŵr. Mae ganddi hi ddementia, Lili.' Tro Lili oedd hi i godi ei haeliau rŵan, cyn dweud, 'Dy fam di ydi Mercedes?!'

'Ia. Pwy oeddet ti'n meddwl oedd hi?' Cafodd Lili ei harbed rhag ateb ei gwestiwn wrth glywed cloch y drws yn canu eto. Cyn iddi godi o'i sedd dyma Owen yn dweud,

'Gwranda. Dwi'n siŵr mai'r dyn Idwal 'na ydi hwnna.'

'Pam? Ydi o wedi dy fachu di'n barod i gwyno am y parcio?'

'Ydi. Mi ges i air bach sydyn efo fo gynna.'

Canodd y gloch eto. Cododd Owen ar ei draed gyda'r gwydr siampên yn ei law.

'Ga i ateb?' Nodiodd Lili ei phen. Wyddai hi ddim a oedd ganddi'r amynedd i fod yn gwrtais efo Idwal erbyn hyn. Roedd peryg iddi hi bechu pawb yn y lôn cyn diwedd y diwrnod. Gadawodd i Owen fynd at y drws a thra oedd o yno, trodd at Mrs Dalloway a sibrwd,

'Stopiwch fflyrtio, Mrs Dalloway. Dangoswch rywfaint o urddas.' Trodd Mrs Dalloway ei chefn arni. Ychydig eiliadau'n ddiweddarach, daeth Owen yn ôl i'r gegin.

'Dwi'n meddwl ella y dylet ti ddod at y drws, Lili.'

'Be sy? Paid â deud fod o wedi dod draw i drafod y *knotweed*?' sibrydodd Lili yn hanner cuddio y tu ôl i fwrdd y gegin. Naill ai hynny, neu roedd Wilma wedi dechrau mynd drwy ei phethau eto. Oedd Owen yn sylweddoli y byddai o'n gymydog i rywun mewn cyflwr go debyg i'w fam? Ond roedd Owen wedi diflannu o'r gegin. Clywodd Lili'r drws yn cau. Oedd Idwal wedi dod i mewn i'r tŷ? Trodd at Mrs Dalloway a dweud,

'Dwi ddim angen hyn.'

Cododd Lili o'r bwrdd yn y gegin a cherdded yn anfoddog draw i'r cyntedd ac at y drws. Doedd dim sôn am Owen nac Idwal na neb. Ble oedd o? Beth oedd yn digwydd? Agorodd Lili'r drws.

19.42 y.h.

Bu bron i Lili gael ei dallu gan yr olygfa o'i blaen. Yno, yn llenwi sgwaryn bach ei gardd ffrynt, roedd aelodau'r Cylch Sgwennu i gyd. Ond nid dim ond nhw; gwelodd hefyd, draw wrth y cloc haul, wedi eu sodro ar y fainc, Vera a Wilma a rhywun rhyfedd iawn yr olwg yn eistedd efo nhw. Roedd y rhywun rhyfedd yn gwisgo gwisg aderyn. Tybiai Lili mai gwisg gwylan oedd hi. Ond fedrai hi ddim bod yn siŵr. Byddai'n rhaid i'r person yn y wisg sefyll iddi gael cadarnhad mai gwylan oedd hi ac nid hwyaden. Doedd dim sôn am Ruth. Rhaid ei bod hi wedi troi am adre. Roedd Lili'n eithaf balch. Wyddai hi ddim sut i ddechrau ymddiheuro i Ruth am y tecst anffodus yn gynharach y prynhawn hwnnw.

Edrychodd Lili ar y criw yn yr ardd, criw roedd hi wedi dod i'w hadnabod yn eithaf da. Ond doedden nhw ddim yn edrych fel y bydden nhw'n arfer edrych. Roedd pawb wedi'u gwisgo yn y dillad rhyfedda. Ai breuddwyd grotésg oedd hyn? Caeodd ei llygaid am ennyd a'u hailagor. Na, roedd hyn yn realiti. Realiti rhyfedd iawn, ond realiti 'run fath.

Craffodd eto at yr olygfa anhygoel yn ei gardd. Roedd Max yno'n pwyso ar ei Zimmer a Catherine the Great wrth ei ochr, y ddau wedi gwisgo fel cacen ben-blwydd, gan wneud i Catherine ymddangos hyd yn oed yn fwy nag oedd hi mewn gwirionedd! Y tu ôl iddyn nhw, roedd gan Alwyn het a ffedog bwtsiwr dros ei siwt, a rhaff o sosijis wedi eu gwneud o deits o amgylch ei wddf. Yn hytrach na chwarae efo'i dei, roedd o rŵan yn chwarae efo'i sosijis! Roedd o'n siarad efo rhywun mewn coch i gyd. Sylweddolodd Lili, er mawr syndod iddi, mai ei mam hi oedd y rhith goch. Ar draws pob dim, gwaeddodd Catherine the Great,

'Os na ddaw Mohamed at y mynydd...!'

'Fe ddaw'r mynydd at Mohamed! Dewch i ymuno yn y parti, Lili!' gwaeddodd Max a phawb yn ymuno mewn 'hwrê' a 'pen-blwydd hapus, Max!'

Safai Lili yno fel delw. Nid ei pharti hi oedd hwn. Diwrnod pen-blwydd Max oedd hwn. Ond roedden nhw i gyd wedi gwneud ymdrech i ddod draw i'w thŷ hi. Rhaid eu bod nhw wedi synhwyro nad oedd heddiw am fod yn hawdd iddi hi. Roedden nhw i gyd felly wedi trafferthu i greu gwisg ffansi mewn ymdrech i godi ei hysbryd hi. Toddodd calon Lili. Daeth rhywun ati efo darn o gacen ben-blwydd. Wnaeth Lili ddim ei hadnabod hi i ddechrau, ond llonnodd drwyddi wrth iddi sylweddoli mai ei ffrind gorau oedd yno. Fedrai hi ddim wynebu cacen arall a bu'n rhaid iddi hi wrthod, ond gofynnodd i'w ffrind,

'Pam bo' ti wedi gwisgo mewn ofarol oren ac wedi lliwio dy wallt yn wyrdd?'

'Dwi'n foronen,' atebodd Delyth, fel pe bai hynny'r peth mwyaf naturiol yn y byd ac aeth yn ei blaen, 'Gan 'mod i'n troi'r lliw oren yma efo'r bali *hot flushes*, waeth i mi fynd efo fo'n hytrach na'i gwffio fo!'

147

Roedd Lili ar fin sôn am ei dyfais newydd efo'r caniau tonic. Ond penderfynodd mai gwell fyddai gadael hynny tan rywdro eto.

'Dwi'n cymryd bod Cadi'n fanana felly?' gofynnodd, o weld merch ei ffrind mewn ofarol melyn yn siarad efo rhywun wedi'i orchuddio â pheli tenis gwyrdd.

'Naci. Mwstad ydi Cadi. A bwnsied o rawnwin ydi Paul wrth ei hochr hi.' A dyna Lili'n dechrau deall bod pawb mewn rhyw fath o wisg ffansi ar thema bwyd.

'Licio'r steil newydd, Lilette!' Edrychodd Lili ar ei ffrind yn ddiddeall. Am beth oedd Delyth yn fwydro rŵan? Ond cyn iddi gael cyfle i holi ymhellach, roedd y foronen yn siarad eto.

'Yli. Dwi'n gwbod nad w't ti'n licio partïon gwisg ffansi fel arfer...'

'Dwi'n casáu nhw!' sibrydodd Lili.

'Ond ro'n i'n gwbod mai dyma un parti lle nad oedd rhaid i ti egluro pam nad oes gen ti wisg ffansi gan mai rhyw fath o barti syrpréis i ti ydi hwn, yn ogystal â pharti pen-blwydd Max.'

'O'n i'n meddwl 'mod i'n casáu partïon syrpréis hefyd. Ond dwi cweit licio hyn.'

Cofleidiodd Lili ei ffrind gorau a diolch o waelod calon iddi. Cyn i'r emosiwn fynd yn drech na hi daeth rhywun ati wedi'i wisgo fel twrci, a dim ond wrth i'r twrci geisio taflu ei freichiau'n barod i'w chofleidio y sylweddolodd Lili mai Rupert/Rosie oedd yno.

'Twrci?' gofynnodd Lili.

'Ia, cariad. Un sydd angen ei stwffio!' Chwarddodd Lili. Roedd Stan wedi ei wisgo fel tsili poeth yn sefyll o fewn clyw. Daeth atyn nhw a dweud,

'Gwell i ti beidio â 'newis i, neu mi fyddi di ar dân!' Chwarddodd Lili eto. Roedd y grŵp yma'n donic. Waeth sut fyddai ei hwyliau hi, fe fydden nhw'n siŵr o roi hwb iddi. Camodd Lili i ganol ei ffrindiau yn yr ardd. Sylwodd fod rhywun wedi bod yn brysur yn gosod goleuadau ar ganghennau'r coed a bynting bob lliw ar hyd y ffens. Roedd yr ardd wedi ei thrawsnewid yn hafan glyd a lliwgar. Poenai Lili ei bod hi braidd yn oer i rai ohonynt fod yn sefyllian yn yr ardd, ond gwrthododd pawb ddod i'r tŷ. Roedd pawb yn ddigon bodlon yn yr ardd.

Daeth Owen â gwydraid o siampên iddi hi. Roedd o bellach wedi rhoi gwisg werdd amdano a charreg fawr mewn lle ychydig yn anffodus. Tybiai Lili mai afocado oedd o, ond doedd hi ddim yn licio gofyn ac roedd rhaid iddi wneud ymdrech fawr i beidio â rhythu ar y garreg fawr.

'Oeddet ti'n gwybod am hyn?' gofynnodd Lili i'r afocado.

'Wel, oeddwn siŵr. Fe wnaeth dy ffrind fynnu 'mod i'n dod i'r tŷ er mwyn rhoi amser i bawb arall ymgynnull a pharatoi'r ardd.' Edrychodd Lili draw at Delyth a thaflodd honno winc yn ôl ati hi. Aeth Owen yn ei flaen,

'Fe wnest ti bethau'n haws i bawb drwy gau cyrtens y stafell ffrynt!'

'Felly celwydd oedd y stori am fod yn y gêm yn Wimbledon yn 2008?'

'Naci! Tasat ti'n ffrîs-ffremio ar ôl y *rain stop play* ar ddiwedd nawfed gêm y drydedd set, mi fasat ti'n gweld Mam a fi. Mae o jest ar ôl i'r *umpire* alw "Time" ar Nadal.'

'Ond stori wneud oedd y stori am symud mewn i rif pedwar?'

'Naci. Dwi yn symud i rif pedwar, Lili. Ar fy marw. Mae Shakespeare yno'n barod a'r lorri ddodrefn yn dod dydd Llun.'

Gwelodd Lili ei mam yn dod o'r tŷ a'i dwylo'n llawn cacennau gan fynd o gwmpas pawb yn eu rhannu. Dyna pam wnaeth ei mam ddod â'r holl gacennau o'r ffair sborion efo hi, felly. Nid ar gyfer Lili'n unig roedd yr holl gacennau. Roedd ei mam yn amlwg wedi bod yn rhan o'r cynllwyn ac wedi dod â'r cacennau'n benodol ar gyfer y parti. Ar hynny cododd Wilma o'r fainc. Roedd ganddi het *pizza* ar ei phen a daeth draw at Lili efo platied o fefus. Yn hytrach na gweiddi 'Llosgi 'ta'r pridd' roedd Wilma rŵan yn gweiddi,

'Champagne 'ta mefus! Mefus 'ta Champagne!'

Gwenodd Lili gan geisio ymddiheuro am y neges ffôn. Ond roedd hi'n amlwg nad oedd Wilma'n cofio dim am hynny, diolch i'r drefn. Gofynnodd Lili iddi oedd hi'n teimlo'n well ar ôl bod yn yr ysbyty. Ond doedd Lili ddim yn credu fod Wilma'n cofio iddi fynd i'r sbyty chwaith. Gofynnodd iddi oedd Ruth wedi mynd adre. A dyna pryd y cafodd Wilma foment fwy gloyw gan ddweud a'i llygaid yn pefrio,

'Do, mae hi wedi mynd adre, Lili. Dim ond "picio" draw nath hi!' Gwenodd Lili a chyn iddi hi fedru holi mwy roedd Wilma wedi troi at yr afocado wrth ei hochr. Roedd gan Wilma'n amlwg lawer mwy o ddiddordeb yn Owen nag yn Lili ac roedd hi wrthi'n daer yn ceisio stwffio mefus i'w geg.

Fe wnaeth Lili gyflwyno Owen i Wilma, fel ei

chymydog newydd. Ar hynny daeth Idwal draw atynt. Roedd Lili'n gwbl gegagored wrth weld Idwal yn ei wisg. Idwal oedd wedi bod yn eistedd ar y fainc efo Vera a Wilma felly! Gwisgai deits melyn ac roedd gweddill ei gorff wedi ei orchuddio gan wisg gwylan! Yr unig rannau o'i gorff oedd i'w gweld oedd ei goesau dryw bach ynghyd â'i lygaid y tu ôl i'r pig mawr melyn. Fedrai Lili ddim meddwl pam ei fod wedi gwisgo fel gwylan. A hithau ar fin holi oedd gwylanod yn rhyw fath o *delicacy* mewn bwytai moethus erbyn hyn, plymiodd Idwal yn syth i ddarlith am Japanese Knotweed.

Rhyfeddai Lili at y ffordd ddiymhongar fonheddig y llwyddodd Owen i dawelu ofnau Idwal. Eglurodd Owen wrtho ei fod yn arwerthwr tai. Roedd o wedi gwneud ymchwil go drylwyr i dai Penlôn. Doedd dim problem Japanese Kntoweed yno, neu fyddai o ddim wedi prynu'r tŷ. Roedd seiliau cadarn i'r tai i gyd. Roedd hynny'n amlwg yn plesio Idwal yn fawr, ac roedd o hefyd yn hynod falch nad tŷ Airbnb fyddai rhif pedwar. Byddai ceir y twristiaid yn siŵr o fod wedi creu hafoc efo'r *chippings*. Am ryddhad! Pe bai gan yr wylan grib, byddai wedi ei chodi'n uchel.

Gwelai Lili fod Vera y tu ôl i'w gŵr yn twtio ac yn casglu unrhyw boteli cwrw gweigion. Edrychodd Lili arni. Os oedd Idwal wedi mynd i drafferth a chost efo'i wisg ffansi, doedd Vera ddim wedi talu'r un ffadan beni am ei hun hi. Roedd Vera wedi ei gorchuddio o'i chorun i'w sodlau â hen bapurau newydd – gwisg ryfedd i rywun oedd ag obsesiwn am lanweithdra. Bu'n rhaid i Lili holi Vera,

'Maddeuwch i mi, Vera. Ond fel be ydach chi wedi gwisgo?'

'Ydi o ddim yn amlwg, Lili?' Wrth gwrs nad oedd o'n

amlwg neu fyddai Lili ddim yn holi. Roedd hi'n eithaf amlwg mai gwylan oedd Idwal, ond beth oedd Vera'n trio'i efelychu? Gwenodd Lili arni a chodi ei hysgwyddau.

'Dwi'n fag sglodion, Lili. Ac Idwal ydi'r wylan fydd yn fy mwyta i'n fyw ar ôl i'r parti orffen!'

Doedd dim arlliw o wên ar wyneb Vera wrth ddweud y geiriau hynny. Yn wir, doedd dim mynegiant o gwbl, ar wahân i awgrym o benderfynoldeb. Roedd Lili'n gegrwth. Rhaid mai Vera oedd â'r llaw uchaf yn rhif un felly. Tybed oedd Idwal yn mwynhau'r fath dra-arglwyddiaethu? Aeth Vera yn ei blaen i dwtio'r ardd. Chwarddodd Lili'n ddistaw fach iddi hi ei hun. Doedd hi'n amlwg ddim yn adnabod Vera'n dda iawn. Ci tawel sy'n cnoi!

Cerddodd Lili draw at ei mam, oedd, o edrych yn fanylach, wedi'i gwisgo fel potel o sos coch.

'Dwi'n teimlo'n *underdressed*, Mam!'

'Na, Lili. Ti fatha mefusen, cariad!'

Edrychodd Lili i lawr ar ei *onesie*. Ac ie, wrth gwrs, fe allai basio fel mefusen. Dyna lwc! Tybed fyddai hi'n gallu dechrau mwynhau'r busnes gwisg ffansi 'ma? Er ceisio cynnal sgwrs efo'i mam, roedd ganddi hithau fwy o ddiddordeb yn Alwyn yr eiliad honno. Edrychodd Lili ar ei mam ac Alwyn yn sgwrsio. Doedd hi erioed wedi gweld Alwyn mor fywiog. Beth oedd gan y ddau yn gyffredin, tybed? Ac yna, er syndod iddi, clywodd ei mam yn dweud wrth Alwyn, gan gydio'n chwareus yn ei sosijis,

'Dach chi'n gweld, Mr Bwtsiar, mae cig angen rhywfaint o sos coch wedi ei daenu drosto fo!'

'Syniad da!' atebodd Alwyn gan gynnig gwên fendigedig i'w mam.

Symudodd Lili ymlaen yn sydyn. Roedd yna rai pethau

nad oedd merch i fod i glywed ei mam yn eu dweud. Aeth i eistedd ar y wal at Marian. Marian oedd yr un y byddai Lili'n rhoi'r wobr gyntaf iddi am ei gwisg. Mae'n rhaid fod Madog, ei hŵyr, wedi cael ei arbed rhag un o'i siwmperi lliwgar, achos roedd Marian wedi lapio'i hun mewn edafedd lliw hufen ac oren ac fe gyflwynodd ei hun fel Spaghetti Bolognese.

Ar hynny daeth Sheila atyn nhw, wedi'i gwisgo fel wy wedi'i ffrio, a dweud mewn llais anarferol o uchel,

'Mefus, Lili! Rwyt ti wedi gwisgo fel mefus!' Ac yna fe gododd ei llais yn uwch a gweiddi, 'Owen! Owen! Doeddet ti ddim yn y Cylch Sgwennu bore 'ma, nag oeddet? Wyt ti'n gwybod be ydi arwyddocâd mefus?'

Neidiodd Owen at y cyfle am waredigaeth rhag Wilma oedd yn parhau i geisio ei fwydo â mefus, ac edrychodd draw i'w cyfeiriad. Roedd Lili'n gweddïo na fyddai Sheila'n datgelu dim mwy. Oedd rhaid? Ond yn ei blaen yr aeth y blincin wy:

'Mae merched yn defnyddio mefus i ddynodi eu bod nhw'n sengl.' A dyma'r sbageti'n torri ar ei thraws a dweud,

'Na, na, Sheila. Lemon sy'n dynodi dy fod ti'n sengl.' A dyma'r gacen ben-blwydd anferthol yn ymuno a mynnu,

'Na, na, Marian. Isio bod yn sengl mae lemon. Mae mefus hefyd yn sengl, ond i'r gwrthwyneb i lemon.' A dyma'r sbageti'n dechrau neidio i fyny ac i lawr fel plentyn bach ar fore Dolig,

'O, ia siŵr. Dyna be ydi mefus: "I can't find Mr Right!"' A dyma'r tair, fel pe baen nhw yn yr Eisteddfod mewn parti llefaru, neu gân actol (wyddai Lili ddim pa un o'r ddwy gystadleuaeth oedd waethaf; na, fe wyddai am un oedd yn waeth na'r cwbl – llefaru i gyfeiliant telyn! Beth oedd pwynt hwnnw?!), yn llafarganu,

'I can't find Mr Right! I can't find Mr Right!'

Ai Lili oedd yn dychmygu, neu oedd pawb yn yr ardd wedi rhewi ac wedi mynd yn fud? Gallai fod wedi tagu'r wy, achos hi, Lili, oedd rŵan ag wy ar hyd ei hwyneb. Ond gwenu'n braf arni hi wnâi Owen cyn iddo droi'n ôl at Wilma a'i mefus. Dechreuodd hi bigo bwrw.

Ceisiodd pawb anwybyddu'r glaw am gyfnod. Beth oedd ychydig o law i darfu ar eu mwyniant? Wrth i'r glaw gynyddu, cynigiodd Lili eto i bawb ddod i'r tŷ. Ond cyhoeddodd Catherine y byddai'n rhaid iddi fynd â Max yn ôl adref. Roedd hi'n amser ar gyfer ei feddyginiaeth, a'r gwir oedd fod y ddau ohonyn nhw fel arfer yn eu gwlâu toc wedi naw bob nos. Trodd at Max oedd wedi dechrau pendwmpian yn ei gadair,

'Amser gwely, Max!'

'Ac i ninna, Mr Gwylan!' meddai Vera'n llawn cyffro gan ysgubo'r wylan i gyfeiriad rhif un, Penlôn. Edrychodd Lili arnynt. Doedd Idwal ddim i'w weld yn meindio cael ei whisgio i ffwrdd i fwyta'r sglodion! Tybed ai ar y soffa blastig y byddai'r wylan yn bwyta ei sglodion? Yn wir, am y tro cyntaf erioed, gwelodd Lili fod Idwal yn edrych yn wirioneddol frwdfrydig.

Daeth pawb i ffarwelio a dymuno pen-blwydd hapus am y canfed tro i Max. Yn araf bach, dechreuodd pawb baratoi i adael. Cynigiodd y bwtsiar fynd â'r sos coch adref a derbyniodd hi'r cynnig yn llawen. Gwenodd Lili. Roedd Alwyn a'i mam yn haeddu rhywfaint o hapusrwydd.

Daeth Delyth at Lili –

'Dwi angen mynd â Cadi'n ôl i Dre-fach. Mae ganddi

hi barti arall i fynd iddo fo'n hwyrach heno. Tisio i mi ddod yn ôl atat ti wedyn?' Ysgydwodd Lili ei phen. Rocdd hi wedi cael modd i fyw ac yn fwy na bodlon. Aeth Lili i lawr at y car efo'i ffrind a diolchodd o waelod calon iddi am drefnu cynulliad bach mor hwyliog iddi hi efo'i hoff bobl yn y byd. Teimlai Lili, am y tro cyntaf y diwrnod hwnnw, ei bod hi'n berson lwcus iawn a gofynnodd i Delyth,

'Ti drefnodd hyn i gyd, ia?'

'Efo chydig bach o help. Doeddet ti ddim yn meddwl go iawn y baswn i'n dy adael di ar ben dy hun heno, oeddet ti'r gloman wirion?'

Ffarweliodd â Delyth a Cadi a throi'n ôl am y tŷ. Sylweddolodd mai gosod y côns traffig ar gyfer ceir y parti a wnaeth Idwal yn gynharach y noson honno. Bu hi'n llawer rhy barod i farnu'r cradur.

Dim ond dau oedd ar ôl yn yr ardd: Owen a Wilma, y ddau'n dal i fwyta mefus yn y glaw. Roedd Wilma, er bod golwg flinedig arni, yn edrych yn eithriadol o hapus. Er mor greulon oedd dementia, roedd Lili'n grediniol nad oedd rhaid cyplysu tristwch â'r cyflwr. Os oedd rhywun wedi mwynhau'r parti bach, Wilma'n bendant oedd honno. Roedd hi fel baedd mewn baw. Y pechod mwyaf oedd na fyddai'n debygol o gofio dim amdano yn y bore. Ond wedyn, roedd pob diwrnod yn rhyfeddod newydd i Wilma. Byddai Wilma'n dotio, bob tro y dôi allan o'i thŷ, at y lafant yn yr ardd. Byddai hi'n gwirioni, fel pe bai hi'n gweld y lafant ac yn ogleuo'i bersawr am y tro cyntaf erioed. Credai Lili fod yna rywbeth i'w edmygu yn hynny. Prin iawn fyddai oedolion yn rhyfeddu at ddim mewn gwirionedd. Ond i Wilma, roedd popeth oedd yn ddiflas gyfarwydd i bawb arall yn brofiad newydd cyffrous.

Edrychodd Owen a Lili ar ei gilydd. Heb yngan gair, gwnaed cytundeb tawel rhyngddynt ei bod hi'n hen bryd mynd â Wilma adre. Roedd hi'n dechrau gwlychu yn y glaw er bod yr het *pizza* yn gwarchod rhywfaint arni. Ac felly yr aeth y mefus a'r afocado bob ochr i'r *pizza* drwy'r ardd ac i fyny at ddrws rhif tri, Penlôn, a'r *pizza*'n parhau i ganu,

'Champagne 'ta mefus, mefus 'ta Champagne?'

Dangosodd Lili i Owen y bocs cadw goriad yn saff a datgelodd iddo'r rhif cyfrin, sef 3333. Dyna'r unig ffordd y gallai Lili ei gofio – rhoi rhif hawdd ei gofio gan mai yn rhif tri roedd Wilma'n byw – ac roedd y cod cyfrin yn gweithio'n dda. Eglurodd Lili wrtho mai hi oedd yn mynd yno gyda'r nos fel arfer i wneud yn siŵr bod Wilma yn ei gwely ac wedi cymryd ei meddyginiaeth. Roedd ganddi ofalwyr yn dod ati hi i'w chodi, ei gwisgo a rhoi brecwast iddi yn y bore. Buan iawn y byddai angen ymestyn eu hymweliadau i'r nosweithiau hefyd fel roedd Wilma'n dirywio. I mewn â'r tri ac oglau ers talwm fel cwilt brethyn cartref llawn peli gwyfynod yn glynu i bopeth ar hyd y tŷ. Arhosodd Owen ar waelod y grisiau tra gafaelodd Lili yn nwylo blodau'r pridd Wilma. Hebryngodd hi'n ofalus i'r llofft oglau henaint, i'w pharatoi hi ar gyfer ei gwely. Roedd y chwydd ar ei thalcen wedi mynd i lawr ond roedd hi'n amlwg wedi llwyr ymlâdd. Edrychai'n fodlon ei byd wrth iddi lithro i gwsg ysgafn a'i hanadl wichlyd yn dictoc hamddenol ar hyd y llofft.

'Oes 'na rywbeth fedra i neud?' gofynnodd Owen wrth i Lili gyrraedd yn ôl i'r parlwr bach.

'Na. Mae hi'n iawn. Synnwn i ddim nad ydi hi'n cysgu'n barod cyn i mi gyrraedd gwaelod y grisiau.' Edrychodd y ddau ar ei gilydd am ennyd cyn i Lili ddweud â gwên fawr ar ei hwyneb,

'Croeso i Benlôn!'

Gadawodd y ddau'r tŷ a siffrwd y drws ffrynt yn sibrwd ei 'nos da' wrth y stryd fach dawel. Gosododd Lili'r goriad yn ôl yn y bocs uwchben y pot lafant. Croesodd y ddau'r ardd fach a dod i sefyll ym Mhenlôn, y tu allan i giât gardd Wilma a'r glaw'n disgyn yn ddeiamwntiau disglair ar eu hysgwyddau.

'Nos da, Afocado!' meddai Lili i dorri ar y distawrwydd.

'Nos da, Miss Sparkle!' atebodd Owen. Mae'n siŵr fod yr olwg ryfedda ar y ddau, hithau mewn *onesie* mefus a slipars Hobbit ac yntau mewn siwt afocado. Edrychodd Lili arno mewn penbleth. Roedd o wedi ei galw hi'n 'Mary Poppins' y bore hwnnw, a rŵan yn 'Miss Sparkle'. Ond chynigiodd Owen ddim eglurhad iddi, dim ond cynnig y platied o fefus iddi gan ddweud,

'Dwi wedi cael mwy na fy siâr heddiw, dwi'n meddwl. Er, wna i fyth flino ar fefus chwaith!'

Gwenodd Lili arno, cymryd y plât a throi am rif dau. Pan gyrhaeddodd hi giât ei gardd, trodd i weld bod Owen wedi cyrraedd ac wedi oedi wrth giât rhif pedwar. Roedd y stryd yn gyflawn. Cododd Owen ei law arni hi. Cododd Lili ei llaw arno fo a diflannodd y ddau i'w tai.

22.17 y.h.

Roedd Lili'n chwysu chwartiau wrth osod ei dillad gwely glân am y dwfe. Agorodd y ffenest. Roedd hi'n dal i fwrw glaw'r tu allan. Diolchodd am yr awel oer ddaeth drwy'r agoriad bach yn ffenest ei llofft. Ar wahân i ditrwm tatrwm y glaw, roedd Penlôn yn dawel braf. Roedd hi fel y bedd yn rhif un. Gobeithiai Lili fod y wledd sglodion drosodd erbyn hyn a bod yr wylan a'i chymar wedi cael eu gwala a'u gweddill.

Aeth Lili lawr grisiau am ei thrydedd gawod y diwrnod hwnnw. Roedd hi angen cwlio i lawr cyn medru mynd i'w gwely glân. Ac oedd, roedd dŵr yn parhau i fynnu cronni ar y teils o flaen y gawod. Ond doedd hynny ddim am boeni Lili heno. Digon i'r diwrnod... Tynnodd ei *onesie* mefus ac wrth gamu i'r gawod daliodd, drwy gornel ei llygad, ei hadlewyrchiad yn y drych. Roedd golwg chwerthinllyd ar ei gwallt a'i phedair cyrlen ryfedd wedi dechrau gwywo'n sgil y smwc glaw'n gynharach. Doedd ryfedd i Delyth ddweud, â thwtsh o goegni, 'Licio'r steil newydd, Lilette!' Bwgan brain go iawn! Efallai nad oedd y ddyfais newydd efo'r caniau tonic yn syniad mor wych wedi'r cyfan! Ac am unwaith, medrodd Lili chwerthin ar ei phen ei hun. Pa ots sut olwg oedd arni? Roedd hi wedi cael noson fendigedig a doedd yr olwg arni ddim wedi rhwystro neb arall rhag ymuno efo hi yn yr hwyl. Nid dod yno i edmygu ei phryd a'i gwedd wnaeth ei ffrindiau, ond dod yno i fwynhau ei chwmni hi, gobeithio, ac yn sicr fe ddaethon nhw yno i fod yn gefn iddi hi.

Gwerthfawrogodd Lili'r dŵr llugoer yn gostwng tymheredd ei chorff. Hyfryd. Fe'i trawodd, am y tro cynta ers talwm, nad oedd hi wedi meddwl am Lewis a'i briodas ers rhai oriau. Roedd hi hyd yn oed yn gobeithio fod Lewis wedi goresgyn ei alergedd a'i fod yn cael mwynhad yn ei barti priodas. Doedd dim diben iddi genfigennu wrth neb. Bu'n wirion braidd yn arswydo ers wythnosau rhag y diwrnod hwn. Dyna beth fu gwastraff amser ac egni. Roedd ei diwrnod hi wedi bod yn llawn, yn llawn antur a chwerthin, a hynny am fod ganddi ffrindiau gwerth chweil.

Sychodd Lili ei hun, taflu côt nos fach ysgafn amdani a mynd drwodd i'r lolfa cyn noswylio. Roedd y sgrin yn parhau i ddangos Federer a Nadal wedi'u rhewi mewn amser. Roedd yna gyfnodau yn ystod y diwrnod yr hoffai Lili fod wedi gallu rhewi ambell ennyd, neu ei botelu mewn ffiol am byth. A dyna hi eto. Roedd hi naill ai'n ymdrybaeddu yn y gorffennol neu'n dyheu am ryw fory na fyddai'n gwawrio. Diffoddodd y DVD; câi ddigon o amser rywdro eto i wylio gweddill y gêm ac i geisio canfod Owen a'i fam yn y dorf.

Daeth y sianel newyddion i lenwi'r sgrin yn cyhoeddi pa mor ddrwg oedd y sefyllfa yn Tsieina, a phobl bellach yn hunanynysu rhag dal haint a allai fod yn angheuol. Roedd yr Eidal wedi dechrau cofnodi achosion o'r haint hefyd. Roedd gwledydd eraill wedi dechrau paratoi rhag y gelyn anweledig. Cofiodd Lili am eiriau Stan y Sosialydd: 'Beth petai 'na haint angheuol yn taro San Steffan?' Beth bynnag oedd ei barn am y llywodraeth yn San Steffan, fe fydden nhw'n siŵr o baratoi'n drylwyr o flaen llaw mewn achos o'r fath, fel y byddai pawb oedd ei angen yn cael y gofal gorau posib. Gobeithio. Ceisiodd Lili ddychmygu'r fath sefyllfa a phobl wedi eu gwahanu oddi wrth eu hanwyliaid a'u ffrindiau. Diolchai y byddai ganddi hi, mewn sefyllfa ffantasïol o'r fath, ddigon o gacennau ac yn anad dim, Mrs Dalloway i'w chadw rhag suddo i bwll o unigrwydd dwys. Ac roedd ganddi ei chymdogion. Diolch amdanynt. Daeth geiriau ei mam i'w meddwl: 'Does neb yn gwybod be sydd rownd y gornel!'

Aeth Lili i hen fiwro ei thad yng nghornel y lolfa i chwilio am lyfr nodiadau bach. Roedd yr un wrth ei gwely'n llawn dop o restrau. Roedd hi angen dalen lân. Gwyddai fod ganddi hen lyfrau a thudalennau gweigion ynddyn nhw yn yr hen ddesg. Pigodd un a'i roi ym mhoced ei chôt nos.

Wrth droi i adael y lolfa, sylwodd ar y potyn mefus ar y bwrdd bach a gweld, o'r label arno, mai 'Miss Sparkle' oedd yr enw ar y math o fefus a gawsai gan Owen! Aeth Lili â'r potyn i'r gegin. Roedd Mrs Dalloway yno'n disgwyl amdani hi. Aeth Lili i sefyll yn union uwchben y bowlen. Cododd Mrs Dalloway ei llygaid i edrych arni yn barod am gerydd.

'Wel, Mrs Dalloway! Roedd hwnna'n dipyn o berfformiad heno o flaen ein cymydog newydd ni.' Dal i edrych yn euog arni wnâi Mrs Dalloway. Gwenodd Lili arni,

'Dwi ddim yn gweld bai arnoch chi, Mrs Dalloway. Ond feri sori, ella bod pysgod aur yn gallu bwyta mymryn bychan bach o fefus, ond dydach chi ddim yn gallu bwyta afocados! Bechod yntê! Achos dwi'n siŵr eu bod nhw'n gallu bod yn flasus iawn! Nos da, Mrs Di!' Oedd Mrs Dalloway wedi gwenu arni hi? Doedd Lili ddim yn siŵr. Diffoddodd olau'r gegin a dringo'r grisiau i'w llofft yn edrych ymlaen at y dillad glân bendigedig ar y gwely. Roedd bywyd yn dda. Ond teimlai bwl poeth yn cychwyn eto. Cofiodd am y ffan bach newydd a brynodd yn Asda'r bore hwnnw ac estynnodd amdano o'i basged wiail. Tynnodd y ffan o'i focs a rhegi'n dawel wrth weld nad oedd batri i'w gael. Cododd a mynd i'w drôr dillad isaf. Gwyddai am declyn yn y drôr oedd â batris ynddo. Llwythodd y ffan, ei gychwyn, a'i osod ar y bwrdd bach wrth ymyl ei gwely. Rhoddodd ei hwyneb yn agos at yr awel hyfryd a ddeuai ohono. Bendigedig! Yr unig broblem oedd y grŵn isel oedd yn gyfeiliant iddo. Fyddai'r sŵn yn ei chadw'n effro, tybed?

Gosododd Lili'r larwm ar gyfer y bore ac eisteddodd yn ei gwely a gorffwys ei chefn yn erbyn ei gobennydd. Doedd hi ddim cweit yn barod i gysgu eto er gwaethaf holl weithgaredd yr oriau diwethaf. Estynnodd am y llyfr nodiadau'n barod i greu rhestr ar gyfer yfory. Wrth iddi agor yr hen lyfr, syrthiodd rhywbeth allan ohono a disgyn i'r llawr. Gwyrodd Lili dros erchwyn y gwely i estyn amdano. Wrth ei godi, llamodd ei chalon. Yn ei llaw roedd cerdyn, a gwyddai'n syth pwy oedd bia'r llawysgrifen y tu mewn iddo. Gwenodd iddi hi ei hun o weld nad cerdyn Castell Dolbadarn oedd o, ond cerdyn o Gastell Carreg Cennen. Roedd y gorffennol wedi chwarae triciau â hi. Roedd agor y cerdyn a gweld llawysgrifen ei thad fel agor drws ar y gorffennol. Dyn o ychydig eiriau oedd Meurig Daniels. Darllenodd Lili'r geiriau a'u blasu fel cyflaith Dolig,

Llongyfarchiadau, Lili lon lawen. Fe ddylet ti fod yn hapus iawn! Digon i'r diwrnod... Cariad am byth, Dad xxx

'Fe ddylet ti fod yn hapus iawn!' Roedd o bron fel neges o'r tu hwnt i'r bedd. 'Digon i'r diwrnod...' Dyna un o hoff ddywediadau ei thad: 'Digon i'r diwrnod ei ddrwg ei hun.' Doedd o'n beth rhyfedd iddi hi ganfod y cerdyn fu ar goll ers cyhyd ar y diwrnod roedd hi wedi cefnu ar hen Escort ei thad; ar y diwrnod roedd un bennod yn cau ac efallai bennod newydd yn dechrau? Onid oedd hi'n amser iddi hi adael fynd?

Estynnodd Lili am ei phensil yn barod, fel pob noson arall, i lunio ei rhestr o orchwylion ar gyfer fory. Edrychodd ar y dudalen wag. Penderfynodd ei roi o'r neilltu. Doedd dim angen rhestr. Onid oedd hi wedi byw'r diwrnod hwnnw'n ddigynllun? Onid oedd hi wedi llwyddo i fyw'r rhan fwyaf o'r diwrnod heb adael i'r cloc fod yn feistr arni hi? Onid oedd o, er gwaethaf y gyfres o ddigwyddiadau anffodus, wedi bod yn ddiwrnod i'r brenin? Diwrnod i'w drysori.

Dechreuodd Lili ymlacio a gwnaeth addewid bach cyn ildio i gwsg. Roedd hi am ddechrau sgwennu fory. Nid sgwennu rhestrau, ond sgwennu stori. Dechrau o'r dechrau. Diffoddodd Lili'r golau gan wahodd y tywyllwch a grŵn bach tawel y ffan i'w swyno hi'n raddol bach i gysgu.

4.00 y.b.

Mae Lili'n deffro'n sydyn. Am eiliad dydi hi ddim yn siŵr iawn ble mae hi. Mae'r llofft fel y fagddu. Beth sy'n digwydd?

Mae'n rhaid ei bod hi wedi bod yn breuddwydio. Craffa ar oleuadau neon y cloc ym mhen draw'r twnnel o dywyllwch. Pedwar o'r gloch y bore! Mae hi angen mwy o gwsg. Beth sydd wedi ei deffro? Ai'r ffan? Go brin. Mae'r llenni'n dawnsio'n ysgafn i guriad y glaw ar ei ffenest. Ond nid y glaw sydd wedi ei deffro hi, chwaith. Dydi hi ddim wedi deffro mewn pwll o chwys fel mae hi'n arfer ei wneud ddwywaith dair bob nos. Gwrandawa'n astud eto. Beth, tybed, sydd wedi ei deffro o'i thrwmgwsg y tro hwn? Efallai mai ei dychymyg fu'n chwarae triciau efo hi. Mae'n wir iddi hi gael tipyn o siampên y noson gynt. Neu efallai mai'r holl gacennau wnaeth hi eu bwyta fu'n gyfrifol am iddi ddeffro mor ddisymwth.

Mae Lili'n troi ar ei hochr gan obeithio y bydd cwsg yn dychwelyd yn eithaf handi. A hithau'n dechrau ymollwng, clyw'r hyn wnaeth ei deffro yn ailgychwyn. O'r tu hwnt i'r pared, daw sain piano a cherddoriaeth hyfryd Debussy. Gwena Lili. O leiaf mae hi'n gwybod fod Wilma'n saff ac yn hapus o fewn muriau ei thŷ pan glyw hi'r piano. Tybed ydi'r gerddoriaeth wedi deffro Owen yn ei gartref newydd?

Tybed wnaiff Owen ddifaru ymgartrefu yn y stryd fach ryfedd hon? Gobeithio ddim.

Mae rhyw gysur i'w gael o wybod fod Owen, fel hithau, yn nyfnder nos, yn gwrando ar yr un gerddoriaeth. Mae fel petai Wilma'n dod â'r ddau ohonyn nhw'n nes at ei gilydd, ac mae'r closio'n deimlad braf. Dim ots os na ddaw cwsg heno. Mae Lili'n fodlon ei byd wrth wrando ar y gerddoriaeth gan sylweddoli bod gwrando'n cynnig gwyliau bach i'r meddwl gorbrysur. Mae rhyw wirionedd yn y gerddoriaeth. Does dim angen gwneud dim byd, dim ond gwrando ar y presennol a llenwi ei phocedi â llonyddwch.

Lawr grisiau, mae Mrs Dalloway hithau wedi deffro ac yn nofio'n hamddenol braf i rythm y gerddoriaeth sy'n treiddio drwy'r pared. Yn rhif un, cwsg Idwal a Vera'n sownd, grych yng nghrych ar ôl cyffro'r gyda'r nos a llaw ddifaneg fodlon Vera'n gorffwys ar gnawd rhychiog ei gŵr sy'n murmur yn dawel am y *chippings* perffaith i ffordd fach Penlôn.

Yn rhif pedwar, gorwedda'r cymydog newydd ar wely aer ar lawr y llofft ddi-len, ac oglau paent newydd y waliau'n bygwth ei fygu. Edrycha Owen ymlaen at groesawu'r lorri fydd yn cludo ei wely a'i ddodrefn i gyd ddechrau'r wythnos. Bydd hi'n braf cael gosod llenni ar ffenest ei lofft er mwyn nadu mynediad i'r mymryn golau'r tu allan. Tafla gipolwg ar Shakespeare sy'n edrych yn ddigon bodlon yn ei bowlen ar lawr. Mae gan Owen deimlad na fydd hi fawr o dro ar y ddau ohonynt yn setlo yn eu nyth bach newydd. Gwnaeth benderfyniad doeth wrth ddewis ei gartref newydd. Mae o fewn tafliad carreg i'w fam, ac mae ganddo'r cymdogion difyrraf posib. Ac eisin ar y gacen ydi cael adloniant cerddoriaeth piano lliniarus yn treiddio drwy waliau rhif tri i'w swyno i gysgu. Hyfryd iawn. Wrth i'w amrannau fagu pwysau trwm y diwrnod ac yntau'n llithro'n ôl i gwsg bodlon, dechreua Owen freuddwydio am fefus cochion braf.

Yn rhif dau Penlôn, cwyd Lili o'i gwely i ddiffodd botwm y larwm. Does dim byd mawr yn galw fory. Does dim angen larwm. Does dim angen mesur amser. Bydd fory'n ddiwrnod newydd. Diwrnod llawn posibiliadau. Mae Lili am blannu ei photyn mefus yn yr ardd, wrth ymyl y cloc haul, ac wedyn edrycha ymlaen at gael eistedd wrth ei desg, o flaen y cyfrifiadur fu'n gymaint o fwgan iddi dros y misoedd diwethaf. Mae gwawr newydd ar dorri a hithau'n gweld yn gliriach. Swatia Lili yn ôl yn ei gwely a gwên yn lledu ar draws ei hwyneb. Bu'n ddiwrnod cofiadwy. Mae hi'n gadael i'r tywyllwch lapio amdani hi'n gwrlid braf cyn i'r wawr gael cyfle i olchi staen y düwch i ffwrdd. Wrth glywed tylluan yn hwtian yn y deri uwch Penlôn, sylweddola Lili fod ganddi egin stori. Nid stori am y gorffennol fydd hon, nid stori am y dyfodol, ond stori am heddiw. Mae Lili'n gwybod, cyn ildio i gwsg, mai dechrau'r stori fydd,

Beth petai...?

Malp 23.12.2020⊙